在日という病

生きづらさの当事者研究

朴一
박 일　Park Il

明石書店

在日という病 ❖ 目次

プロローグ――本書の問題意識と分析の枠組み

外国人労働者の大幅受け入れに踏み切った日本

ロシアがウクライナに侵攻して戦闘が長期化し、ウクライナからの難民も増加しています。そんな中、難民の受け入れに消極的だった日本も、少数ですがウクライナからの難民受け入れに乗り出すようになりました[(1)]。とはいえ、日本の難民認定率は一％未満。先進国の中でも、難民受け入れに最も慎重な国が日本です。

こうした難民の受け入れについて日本政府は慎重な姿勢を崩していませんが、二〇一九年、当時の安倍政権は外国人労働者受け入れを緩和する方針を発表しました。人手不足が深刻な介護、外食、漁業、農業、建設などの一四の分野で、これまで外国人には就労が認められなかった単純労働を含めて、外国人労働者の大幅な受け入れに踏み切ることになったのです。これまでの技能実習生[(2)]（特定技能外国人）は自動的に「技能実習1号」者に認定され、省庁が定める技能試験に合格すれば、さらに熟練した技能をもつ「技能実習2号」や「技能実習3号」に認定されて、最長一〇年間、日本で就労することも認められました。さらに二〇二四年から、在留期間の更新に制限がなく、家族も帯同できる「特定技能2号」を現行の二分野（建設と造船）から一一分野（建設、造船に加え、製造業、ビルクリーニング、自動車整備、航空、宿泊、農業、漁業、食品製造、外食）に拡大することを、政府は決定しました。(3) これは、外国人労働者が条件をクリアーすれば、無期限で働けることを意味し、日本政府が実質的に移民受け入れに舵を切ることを示しています。こうした制度変更と相まって、日本の人口減少が進んでいく中で、長期的に見れば、今後日本の外国人労働者（移民）受け入れは間違いなく進んでいくでしょう。

外国人労働者の受け入れに戸惑う自治体

ただ、こうした外国人労働者の受け入れ緩和策について、人手不足の業界からは歓迎する声が上がる一方で、受け入れを担う地方自治体からは、外国籍住民が増え続けた場合、在留手続き、住居問題、災害時の連絡、日本語教育、外国籍児童の教育、雇用、福祉・社会保障の適用、医療などの面で、適切な対応ができるのか、不安の声も上がっています。(4)

日本政府が人手不足を補うため、外国人労働者の大幅な受け入れにあたって十分な制度設計をしないまま、安易な受け入れ政策を発表してしまったために、外国人を受け入れる現場が混乱しているという印象を受けます。

戦前期にも存在したアジアからの大規模なヒトの受け入れ

現在、日本の外国人労働者の受け入れ先は、中国、ベトナム、フィリピン、インドネシアなどのアジア諸国が圧倒的な割合を占めていますが、日本がアジアから労働者を大幅に受け入れたのは、今回が初めてではありません。一九一〇年から四五年の三六年間にわたって、日本は当時の植民地であった朝鮮半島から二〇〇万人近い移民労働者を受け入れた経験があります。私を含め、日本で生活している在日コリアンの多くは彼らの子孫であり、在日コリアンは戦前の日本の移民労働者受け入れ政策（朝鮮人「労務動員」政策[5]）から生み出されたものであるといえるでしょう。私は、こうした在日コリアンの経験から、今後の外国人労働者受け入れ政策を考えるうえで、いくつかの重要なヒントが学べると考えています。

ライフヒストリーと「当事者研究」

本書は、私の六五年にわたる在日生活史を通じて、私が体験したエスニック・コンフリクトを事例に、在日コリアンをめぐる諸問題について考察したものです。本書の記述にあたっては、理論的な枠組みとして、当事者研究とライフヒストリーという二つのアプローチを用いたいと思います。

まず当事者研究ですが、このアプローチは一人一人が自分自身の困り事や生きづらさについて研究者になり、周囲の仲間と語り合うことで、問題への理解を深めるとともに、問題解決の方法を探求していくという研究アプローチです。この研究アプローチは、北海道浦川町にある精神障碍者施設「べてるの家」(6)に在籍する精神障碍者の当事者とその家族を対象に北海道医療大学のソーシャルワーカー・向谷地《むかいやち》生良《いくよし》氏が考案したリハビリ・プログラムから生まれたものです。二〇名ほどの参加者がホワイトボードを囲むようにして座り、研究テーマをもつ当事者である障碍者が前に出て、内容を説明していきます。例えば、当事者が「難聴がつらい」という困難に直面している場合、「難聴さん」というキャラクターを用いて、病名を表現したり、参加者が協力してその場面をロールプレイで演じたりしながら、研究を進めていきます。研究の方法はマニュアル化されておらず自由ですが、当事者が抱える困難性を自分から切り離し、外在化することで、肯定的、中立的にとらえるようにするところに研究の特徴があります。

次にライフヒストリー・アプローチですが、これは、文化人類学でよく用いられるもので、調査者が調査したい被調査者（調査される人）の語る人生を文字として記述し、研究資料として構成し直すというものです。(7)

このアプローチでは、調査者と被調査者が同一人物の場合、特定の問題意識に基づいて、

「自分史」を記述するということにもなります。自分史はライフヒストリーではない、単なるライフストーリーではないかという批判があるかもしれません。しかし、調査者と被調査が同一人物の場合、被調査者が調査者には言いにくい事柄を記述できるというメリットもあります。在日問題を研究してきた私が調査者となって、被調査者である在日の当事者である自分のライフヒストリーを通じて、私が体験してきた「在日という病」を記述できないかと考えたわけです。

この本のねらい

この本は、こうした「当事者研究」やライフヒストリー論の手法を取り入れながら、在日の当事者である私がこの六五年間に、在日コリアン三世として日本社会や母国で感じた「困り事」や「生きづらさ」、あるいは私が日本社会で体験したエスニック・コンフリクトを赤裸々に記録したものです。研究者というより「在日生活者」の視点から本書をまとめたので、「在日問題」から逸脱したエピソードもたくさん含まれているかもしれませんが、その点は省いて読んでもらってもかまいません。

もちろん、在日コリアンや在日外国人に対する処遇の変化に応じて、在日外国人を取り巻く状況は年々変化していますが、名前の問題や入居差別問題などを見ると、かつて在日コリアンが苦しんだ問題にニューカマーの外国人も直面していることがわかります。そうした意味で、在日コリアンが日本社会に突き付けた課題は、今後の外国人労働者受け入れにとって解決すべき課題ともいえるでしょう。この本を材料に、今後の外国人受け入れ問題や外国人との共生の在り方について議論していただければ幸いです。

注

(1) 二〇二二年八月時点でウクライナからの難民を日本が受け入れた数は約一七〇〇名。日本政府は、彼らを「難民」認定せず、「避難民」として受け入れている。

(2) 外国人技能実習生制度は、一九九三年、日本の技能や技術を発展途上国に移転させることで、その地域の経済発展を担う「人づくり」に寄与することを目的に創設され、その後、二〇一七年に「技能実習法」が施行され、新たな技能実習生制度がスタートすることになった。技能実習生制度は、外国人技能実習生が日本の企業と雇用関係を結び、出身国では習得が困難な技術等の習得を目指すものであり、当初受け入れ期間は最長五年とされた。

(3) 『朝日新聞』二〇二三年六月一〇日。

(4) 『朝日新聞』二〇一九年四月一日。

(5) 戦前期、大日本帝国において、「支那事変」の長期化にともなう国内の労働力不足を解消するために、政府により作成・実施された労働力動員計画。一九四二年からは「国民動員計画」に名称変更され、朝鮮人労働者が新たに動員計画の対象に加えられた。この計画によって、一〇〇万人を超える朝鮮人が広島・長崎の軍需工場や九州・北海道の炭鉱に労務動員されたといわれている。

(6) 一九八四年に北海道の浦川町に設立された精神障碍者の当事者による当事者のための地域活動拠点。精神障碍者が自主運営する福祉ショップや「幻想&妄想大会」など、一〇〇名以上の精神障碍者が集まり、「障碍者」の働ける場の確保、生活共同体の確立に向けたさまざまな取り組みを行っている。「当時者研究」は二〇〇一年から始まった。

(7) ライフヒストリー研究の第一人者である中野卓は「社会学研究者がその調査対象に当るなかで、『出合い』をもったと言いうるほどの、手ごたえのある何人かについて、それぞれに社会学的実証的に役立てうるだけの用意をもって、その人間を記録し、互いに検討し合えるような工夫はできないものでしょうか。個人のライフ・ヒストリーの諸事例を揃えるというのが、その方法であります。それが新しい人間類型の発見を可能にし、また、その自己形成された過程の分析を許す」(中野卓「個人の社会学的調査研究について(1)」『社会学評論』第三二巻一号、一九八一年、八頁)と述べている。

第1章

二つの名前

玄界灘を渡った私の一族

私は日本が国連に加盟した一九五六年四月に、兵庫県尼崎市に在日韓国人三世として生まれました。私の家族が韓国人なのに、韓国ではなく、日本で生活している理由は、戦前期の日本の植民地政策で食べられなくなった祖父が祖国を離れ、職を求めて日本に渡ったからです。

祖父は幼い父とともに、一九二五年、日本の植民地支配下で、出稼ぎ労働者として朝鮮半島から玄界灘を越え日本の大阪に渡ってきました。一九二〇年代の大阪は工業が発展し、日本のマンチェスターと呼ばれ、日本中から多くの労働者が集まっていましたが、日本の植民地であった朝鮮からも、職を求めて多くの労働者が大阪に集まってきました(1)。

幼い父を連れ日本に渡った祖父は、関西を拠点に肉体労働で家族を支えました。祖父は、

朴一族が日本に渡ってきた頃の写真。後列左から6人目が祖父

河川改修や道路工事など、受注につれて飯場から飯場を移動し、出稼ぎの朝鮮人労働者を率いて、土木作業を進める親方の仕事をしていました。しかし、河川改修などの過酷な日雇い労働がたたったせいか、帰国の夢を果たせず、五〇歳のとき脳梗塞で亡くなってしまいました。

日本にとどまった父は堺のガラス工場で働きながら、堺市立実業補習学校（現在の堺市立工業高校）の夜間で学び、朝鮮独立運動の組織に入って祖国の独立に向けた地下活動を続けていたようです。父が残した自伝には、一九三六年秋に治安維持法違反で逮捕され、二年半にわたって独房に入ったという武勇伝が記録されています(2)。釈放後も父は特高警察から「要注意人物」として保護観察下に置かれ続けた、筋金入りの民族運動家です。

戦争が終わると、父は大阪の梅田に形成された闇市でカレー屋と古着屋を営み、そこで儲けた金でキャバレーや料亭などの水商売事業を阪神尼崎駅前で展開し、日本の高度成長に乗って成功を収めました。

日本で韓国人として生まれた私

私は父親が三九歳のときに生まれましたが、私は実の母から生まれた子ではなく、父が日本人の愛人に産ませた子、すなわち非摘出子でした。四歳まで生みの親の母とおんぼろアパートで仲良く暮らしていましたが、私が五歳になったとき、突然実の母と引き放され、継母と暮らすことになりました。そんな複雑な家庭環境で、日本人ではなく韓国人として生まれた私は、継母にストレートな愛情をもつことなく、かつまた自分が日本人でもなく、本当の韓国人でもない出自に葛藤を覚えながら育ちました。

とはいえ、私が日本で韓国人に生まれたことも、非摘出子として生まれたことも、私が望んでそうなったのではなく、いわば人間の意志を超えるという意味で宿命だったといえます。親や出自（ルーツ）は自分では選べないのです。

父親は、戦後（解放後）も、「在日本大韓民国居留民団（民団）[3]」の前身である「朝鮮建国促進青年同盟（健青）[4]」の設立にかかわるなど、民族心旺盛な人で、私にはいつも「日本にいても、在日韓国人としての誇りをもて」と言う一方、日常生活では異民族に閉鎖的な日本社会で商売をする関係上、日本名の「新井」姓を使っていました。
現在も約八割の在日コリアンが本名（韓国・朝鮮名）ではなく、日本名を使って生活していますが、私が幼い頃は、大部分の在日コリアンが日本社会の厳しい民族差別を逃れるため、本名の民族名ではなく、通名の日本名を使用していた時代でした。

最初のアイデンティティ・クライシス

私も小学校では本名の朴一《パクイル》ではなく、日本名の新井一《あらいはじめ》という通名を使っていましたが、内心は日本人の友人に、いつ韓国人ということがばれてしまうのか、はらはらしながら学校に通っていました。韓国人なら堂々と本名を名乗ればいいじゃないかという人がいるかもしれませんが、当時、一般的な日本人の在日コリアンに対するまなざしは明らかに差別的なものがありました。

当時、私には小学校時代、クラスメートに仲のよい日本人が二人いました。彼らとは家が近所で、学校が終わると、学校のそばにあった駄菓子屋で一本一〇円のミカン水を買い、帰宅するまで、阪神タイガースの前日の試合を振り返る楽しい日々でした。そんな友人との絆にひびが入ったのは、ある日、学校が終わって、仲良し三人組で家に帰る途中でした。

私の家の前まで来て、本来ならそのままクラスメートの重森（仮名）とグッバイするのですが、その日はなぜか阪神タイガースの話で盛り上がり、重森はなかなか帰ろうとはしませんでした。すると重森は私の自宅の玄関にかかっていた「新井」という表札とともに、「朴」という表札をまじまじと見て、「この名前なんや」と言ったのです。

小学2年生の頃、家族とともに。左からアボジ（父）、姉、私、妹、そしてオモニ（母）。本名と通名の2つの表札が後ろに見える

私は、まずいと思いながら、なんとかその場をとりつくろうために「実は、おれのおやじ、テレビの仕事してて、『朴』はテレビで使っている芸名なんや」と説明しました。重森はそのまま何も言わずに帰っていったので、私は、うまくごまかせたと思っていました。

翌日、学校に行くと、重森はクラスメートとともに、阪神タイガースの話で盛り上がっていました。私が話の輪に入ろうとすると、重森は突然、私に向かってこう言ったのです。

「おまえ、ほんまは、何人《ナニジン》や？」

それは、おまえは日本人ちゃうやろという、実に差別的で慇懃《いんぎん》無礼な言い方でした。私は

「俺は日本人や」と言うこともできず、かといって「俺、ほんまは韓国人や」と言い返すこともできませんでした。重森からもう一度「ほんまは、何人かみんなの前で言うたれや」という暴言を吐かれたとき、追い詰められた私は、とっさに「キャベジン」と答えました。するとクラスのみんなはドット笑ってくれました。天性のギャグで私はピンチを乗り切ることができたのです。しかし、家に帰ると、みんなに韓国人と言えなかった自分がみじめで、気分はとてもブルーでした。

この日から、クラスメートの中にも、在日韓国人に対して、あまりよい感情をもっていない子がいることがわかり、私は、自分が韓国人であることを、なかなか友人に打ち明けることができなくなりました。

そんな中で、出会ったのが、転校生の三好くん（仮名）でした。三好くんは、お父さんが歯医者さんで、立派な一軒家に住むハイソな家庭の子でした。三好くんと私の自宅が近かったことで、私たちはすぐに仲良くなり、私は彼の家でよく遊びました。

彼の自宅に行くと、女優の松原智恵子[5]に似た綺麗なお母さんが歓迎してくれ、当時ではめずらしいお菓子やジュースを出してくれました。なかでも彼の家で飲んだファンタグレープの味が忘れられなくて、私は何度も三好くんの自宅に足を運びました。

ハンメ（おばあちゃん）の思い出

しかし、残念だったことは、私が三好くんの家に行くことはできても、三好くんを私の家に招くことはできなかったことです。というのも、私の家には玄関に「朴」の表札がかかっていただけでなく、玄関の入り口に置いてあった靴箱の上に、父が韓国で買ってきた朝鮮人形が所狭しと飾ってあったからです。チョゴリ（民族衣装）を身にまとった朝鮮人形の中にはボタンを押すと踊りだすものもあり、三好くんが遊びに来たとき、朝鮮人形がいっせいに踊りだしたら、私の正体がばれてしまいます。

そんな不安を抱きながら、小学三年生のゴールデンウィークのとき、普段は自宅にいない父親が突然、姉と私と妹に阪神パークのレオポン(6)という珍獣を見に行こうと言いだしました。姉と妹は大喜びでしたが、私は、「そんなキモイ珍獣見たくない」と言って父親に反抗的な態度をとったので、一人自宅に取り残されてしまいました。

自宅に誰もいなくなったので、私は三好くんに電話をかけ、「今日は僕の家に遊びに来ないか」と誘いました。三好くんに三〇分たってから家に来るように伝えた私は、すぐに玄関の朴の表札をはずして、靴箱の上に並んでいた朝鮮人形を二階の納戸にしまい、キムチの臭いでくさい台所に扇風機を回して、自分が韓国人であるという証拠を次々と消していきました。

これで大丈夫と思ったとき、玄関のチャイムが鳴り、三好くんが来たとおもいきや、家の前に立っていたのは、チョゴリを身にまとったハンメ（おばあちゃん）でした。ハンメがデイサービスから予定時間より早く戻ってきたので、私はあわてました。もうすぐ三好くんがやってくる。早くハンメを隠さないと、たいへんなことになる。三好くんだけには、自分の正体を知られたくないと私は必死でした。おばあちゃんに座布団を渡して、「『これ、納戸になおしておいてくれ』ってオモニ（母）が言うとったで」とハンメに告げると、孫に従順なハンメは、私の言うとおり、二階の納戸に座布団を持って入っていきました。ひどいと思われるかもしれませんが、そのとき私は、ここぞとばかり、納戸の鍵を閉め、ハンメを閉じ込めたのです。

夕方まで三好くんと楽しく遊び、友だちが家に帰ると、入れ替わりに家族が戻ってきました。家で留守番をした私に気遣ったのか、父は私の大好物のお寿司を買ってきてくれましたが、修羅場が待っていました。父親にばれたらはまずいと思い、私が納戸の扉を開けると、ハンメが悲しそうに座っていました。

しばらくしてハンメを納戸に隠したことがばれると、父親は怒り狂い、平手で何度も何度も私の頬を殴りました。自分が韓国人であることを知られたくないという、ただそれだけの理由で、私が、自分の大切なハンメを監禁してしまったのです。ハンメの監禁事件は、私にとって生涯忘れられないトラウマ（心の傷）になりました。

丸出だめ夫

私は小学生の頃、「丸出《まるで》だめ夫」[7]という漫画が大好きでした。勉強がまるでダメだが心優しい小学生を主人公にしたコミック漫画ですが、かっこよく勉強も運動もできる子がもてはやされた時代状況の中で、丸出だめ夫だけは、勉強ができなくても、運動ができなくても、みんなの人気者だったからです。

私も丸出だめ夫のように、小学校、中学校を通じて、勉強がまったくできない子どもでした。幼い頃から教育を受けずに育った継母は子どもの教育にほとんど関心がなく、私は、学校から帰ってくると、父が経営していた料亭で料理の食材として使うもやしの根をとる作業を手伝わされていました。中学に上がると、野球部に入りましたが、厳しい練習についていけず、半年で辞めました。次に、ちびだった私は背を高くするために、バスケットボール部に入りましたが、ここも、きつい練習についていけず背も伸びなかったので、すぐに辞めてしまいました。中学では、勉強もできず、運動もできない、「丸出だめ夫」でした。

中学二年生になると、勉強もせず、クラブ活動もしていなかった私は、放課後にすることがなくなり、友人に誘われて、新聞配達のバイトを始めました。ここで、お金を稼ぐ厳しさを教えてもらったと思います。家の近くの一二〇軒近くの家庭に夕刊を配る一日二時間ほどの仕事でしたが、なかなか配達する家が覚えられず、配り間違えて、何度も新聞販売店の店主から怒鳴られた記憶があります。しかし、新聞配達をしてよかったことは、家族の生活を支えるために新聞配達をしている苦学生がたくさんいることを知ったことでした。苦学生を目の当たりにした私は、新聞配達で稼いだお金を無駄に使いたくないと思いました。

当時、私の一番の悩みは、自分が韓国人であるにもかかわらず、学校では日本名を名乗り、日本人のふりをして生きるつらさでした。そのつらさから脱出するためにはどうすればよいか。日本人と思い込んでいる友人がいない新しい学校で、韓国人としてやり直すことではないか。そのためには、学力をつけて、レベルの高い高校に入学するしかない。そんなふうに考えた私は、新聞配達で少しずつ貯めたお金で、中二の二学期から家の近くの学習塾に通うことにしました。

塾で教えていた先生は、大阪教育大学に在学中の教員志望の女子大生でしたが、教え方がたいへんうまく、私の成績はぐんぐん伸びていきました。といっても、そもそもまったく勉強していなかったわけですから、偏差値が三〇ぐらいの生徒が、ごく当たり前に勉強すれば偏差値はすぐに五〇ぐらいになるわけで、勉強後発の学生ほど頭のよい学生にキャッチアップする速度は早いわけです。

大学に入ってから、経済開発論という講義で、先発国は工業化に必要な技術を自分で開発しなければいけないので工業化にたいへんな時間がかかるが、後発国は先発国が開発した技術を導入することで、技術開発にかかるコストと時間を大幅に短縮できるという「後発性利益」説を学びました。その理屈と同じで、昔の受験生はまともな参考書が存在しない中で、受験に頻出する英単語や古語をむやみやたらに覚えるしかなかったわけですが、私の時代になってから、受験生はコンピューターで調査した受験頻出英単語や古語に絞って覚えれば、無駄な時間を使うことなく受験勉強できたわけです。まさに後発性利益です。

塾に入って、中二と中三の二年をかけて先生から高三までの英文法の基礎を学び、受験頻出英単語に絞って覚えていくと、英語の偏差値はみるみる伸びました。勉強ができないときは、勉強するのがつらくてたまらなかったのですが、勉強の方法がわかり、成績が少しずつ伸びると、もっと勉強したくなりました。塾の先生がよかったのは、ひたすら暗記を強制する勉強ではなく、勉強の方法、勉強のしかたをしっかり教えてくれたことです。中三になると、志望校を関西で有名な進学高に決め、毎日五時間以上受験勉強しました。

しかし、残念ながら目標としていた私立の進学高校には合格できませんでした。今から思うと、もう少し受験校の出題傾向にそった指導をしてくれる進学塾に通っていたらと思いますが、力及ばす、私は中学時代のクラスメートとともに、地元の公立高校に進学することになりました。

本名宣言

結局、中学の同級生の多くが進学する地元の県立高校に進学することになった私は、本名の韓国名を名乗る勇気がなく、高校でも日本名を使うことになりました。しかし、中学時代に受験勉強をしていたことで、高校では周囲から優等生と見られるようになり、たまたま入った柔道部でも、中学時代のように途中で投げ出すことなく、ひたすらハードな練習に耐えたことで、高三では主将に指名され、黒帯もとることができました。

勉強もクラブ活動も充実した高校生活でしたが、唯一の悩みは、依然として韓国人なのに、日本名を名乗っている、いわば日本人のふりをし続けねばならないアイデンティティーの葛藤を抱えていたことでした。高校二年生になると、好きな女の子ができて、なんとかその子とつきあうことになりましたが、デートのたびに「自分が韓国人ってわかったら、ふられるんじゃないか」という恐怖感でいっぱいでした。

そんなアイデンティティーの葛藤から解放されたのは、高校三年生になり、担任が代わったときでした。担任の浅田先生（仮名）は、当時全盛期を迎えていた部落解放運動に命をささげていた日教組系の活動派教員でした。今では、さすがにそんな教師はいないと思いますが、彼は担当の英語の授業中に、まったく英語の授業をせず、部落問題についてひたすら熱く語っていました。大学に進学したかった私は、先生の講義を無視して、一人英語の勉強をしていたところ、先生に見つかり、英語のテキストで頭を殴られ、「授業が終わったら、職員室に来なさい」と言われました。

浅田先生は私に「君は韓国人やろ。なのに、なんで日本名を名乗ってるんや。韓国人なら韓国人の誇りをもって、堂々と韓国名を名乗ったらどうか」と言ってきました。今まで、こんなにストレートに、名前の問題を言われたことがなかったので、私は驚きました。それまで、在日韓国人が日本名を使う問題について触れるのは、学校教育ではタブーだったと思います。

高校3年生のときの遠足で友人たちと。左が私。
ちょうど本名宣言をした時期にあたる

先生は、そんなことを気にすることなく、いきなり「堂々と韓国名を名乗りなさい」と何度も迫ってきたので、私は心の中で「日本人のあんたに俺の気持ちがわかるんか」と思いつつ、「この教師、このままほうっておくと、みんなに俺の正体をばらすのではないか」と不安になってきました。

それから浅田先生は、毎日放課後、私の柔道部の練習が終わるのを待ち伏せし、帰り道で在日韓国人の歴史や彼らが受けてきた差別問題について熱く語り続けました。先生がそのまま、私の自宅まで押しかけ、私の家族と一緒に食事をし、父親に「息子さん、そろそろ韓国名を名乗らせませんか」と、直談判に乗り出したこともありました。しかし、反抗的だった私は、素直な気持ちになれず、先生の思いとは反対に「死んでも韓国名なんか、名乗るもんか」と思うようになっていきました。

名前をめぐる先生と私の攻防が続いたある日曜日、先生から私の自宅に電話がありました。先生から、一緒に映画を観に行かないかという誘いでした。先生は、「ブルース・リーの『燃えよドラゴン』(8)という映画のチケットを二枚もらったんで、一緒に見に行こう」と言いました。先生と行くのには抵抗がありましたが、ブルース・リーの大ファンだった私は『燃えよドラゴン』はどうしても観ておきたかったので、三宮の駅前で待ち合わせをしました。

三宮で合流すると、先生は、上映している映画館は山手の少し離れたところにあると言って、私を元町まで連れていきました。ところが、案内された建物は映画館ではなく、部落解放センターでした。私は騙されたと思いましたが、ここまで来たら我慢するしかないと思い、上映された映画を観ました。そこで上映されたのは、在日コリアンの李学仁《イハギン》監督が日本で初めて監督を務めた『異邦人の河』という作品でした。映画の内容は詳しく覚えていませんが、主演のジョニー大倉が映画の中で本名（パク・ウナン）宣言をするシーンが印象的でした。当時も日本の芸能界にはたくさんの在日コリアンがいたと思いますが、人気ロックバンド「キャロル」[9]のメンバーだったジョニー大倉が映画の中で、堂々と本名を名乗り、出自を明かすシーンは衝撃的でした。先生は、この映画を私にみせて、「おまえもジョニーに続け」と告げたかったのだと思います。

家に戻った私は、自分がジョニー大倉のように、本名宣言できるか、改めて考えてみました。もし本名宣言したら、クラスメートは私を遠ざけるのだろうか。一番心配なのは、当時つきあっていた彼女でした。彼女は私の本名宣言を聞いて、去っていくのだろうか。考えれば考えるほど、不安がつのり、本名を名乗る決心はつきませんでした。

翌朝、学校に行くと、校門の前で先生が待っていました。そのとき、先生は私に「本名宣言の準備はできとる。体育館に一緒に行こう」と言いました。私が「本名宣言するなんて、言うてないけど」と言うと、先生に「映画を観た後のおまえの目を見て、俺はお前の気持ちがよくわかった」と言われました。先生のやり方は強引でしたが、体育館に集まる学生たちの姿を見て、私は覚悟を決めました。

体育館には三年生全員が集められ、何のために集められたかわからない生徒の中には騒いでいる者もいました。司会の浅田先生が、「静かにせえよ。今から三年二組の新井一くんが、みんなに大切な話をするから、聞きなさい」という合図で、本名宣言の儀式が始まりました。体育館のステージの真ん中に立った私は、集まってくれたみんなに頭を下げ、こう言いました。

「三年二組の新井です。みなさんには今まで隠してきて申し訳なかったんですが、実は私は日本で生まれた在日韓国人三世で、本当の名前は朴一《パクイル》と言います。これからは、新井ではなく、本名の朴《パク》と呼んでください」

それ以上言うと、なぜか涙が出そうで、私を見守る浅田先生の目も潤んでいました。一方、体育館に集められた学生たちは、「いったいあいつは何を言うとんのや」という感じで、本名宣言は完全に私と先生の二人の儀式でした。体育の先生の「それでは解散」という号令とともに、私の本名宣言の儀式は何事もなかったかのように終わってしまいました。ただ、本名宣言が終わったあと、私は長い間、足の裏にくっついてきた米粒がやっと取れたような、さわやかな気持ちになりました。

教室に戻ると、クラスメートは、私にどう話しかけてよいのかわからないようで、誰も近づいてきません。そうするうちに、教室の後ろから、つきあっていた彼女が友だちと二人と一緒に近づいてきて、こう言いました。

「新井くんが何人《ナニジン》でも関係ないよ。私は新井くんの人間性が好きやから」

このときの「何人でも関係ない」という彼女の言葉は、私の心に突き刺さりました。しかし、その一方で、なんともいえない違和感につつまれました。国がなくなれば、何人でも関係なくなるかもしれませんが、国家は存在し、国家に帰属する国民が存在するわけです。この国で国民として認められない人々が、この国で排除されないため、懸命に日本人の仮面をつけて生きてきた民族的葛藤を、「何人でも関係ない」という言葉で簡単に片づけてほしくない、と思ったのです。

私が本名宣言をしてからすでに半世紀近くがたちましたが、日本における外国人の名前の問題はより複雑化しています。戦前期の創氏改名政策[10]の名残として、戦後も在日コリアンに使われるようになった日本名が、現在では中国人、ベトナム人、フィリピン人、ブラジルやペルーなどの日系人社会にも広がり始めています。二〇〇九年に兵庫県人権協会が実施した調査[11]によると、兵庫県内の公立学校に在籍する外国籍児童のうち、通称名である日本名の使用者は、小学校で五九・三％、中学校で五八・八％、高校で五六・八％に及んでいます。なぜ、日本の学校で学ぶ中国人やベトナム人など外国人の子どもたちが日本名を名乗り、民族的出自を隠して生きなければならないのか、日本人の人々も真剣に考えねばならないと思います。

神戸の長田で在日ベトナム人の保護者と交流する機会があり、子どもの名前の問題について尋ねると、ある母親がこんなことを言っていました。

「日本に来てから、日本のお店で働きたいと言ったら、ベトナムの名前では雇えませんと何度も言われたんです。息子にはこんな悔しい思いをさせたくないから、学校では日本の名前を名乗らせることにしました。名前でいじめられるのも嫌ですから」

差別されることを恐れて、今も多くのアジア系住民が日本名を名乗らざるをえない日本の現状をどこから、どう変えていけばよいのか。日本人のアジア系住民に対するまなざしが問われていると思います。

注

(1) 杉原薫・玉井金五編『大阪 大正 スラム――もうひとつの日本近代史』新評論、一九八六年。

(2) 朴憲行『軌跡――ある在日一世の光と影』批評社、一九九〇年、六七〜七四頁。

(3) 戦後(解放後)、建青と新朝鮮建設同盟(建同)を母体に、日本にとどまった韓国系の在日コリアンによって結成された民族団体。「在留同胞の権益擁護」などの綱領を掲げ、活動を続けてきた。現在の名称は在日本大韓民国民団。

(4) 一九四五年一一月、日本にとどまった朝鮮人青年の手で結成された民族団体。「信託統治反対」を掲げ、在日本朝鮮人連盟(朝連)に対抗した。その後、祖国分断の過程で、単独選挙(李承晩)支持派と、統一派に分裂した。

(5) 一九六〇年代に活躍した女優。日活時代は、青春映画のヒロイン役を数多く演じ、吉永小百合や和泉雅子とともに「日活三人娘」と呼ばれ、「六〇年代を代表する美人女優の一人」といわれた。一九六七年には、ブロマイド売り上げで、女優部門のトップに立ったこともあった。

(6)ヒョウの父親とライオンの母親から生まれた雑種。日本では、ヒョウの甲子雄《かねお》とライオンの園子《そのこ》を母親とし、一九五九年一一月に二頭が誕生した。

(7)一九六四年から一九六七年に『週刊少年マガジン』（講談社）に連載されたコミック漫画（作者は森田拳次）。同作品はアニメ化され、一九九一年から九二年までフジテレビで放送された。

(8)一九七三年に公開されたブルース・リー主演のカンフー映画。この映画でブルース・リーは世界的な映画スターになり、カンフーは世界的なブームになった。

(9)一九七〇年代に活動した日本のロックバンド。ベース、ボーカルを担当した矢沢永吉を中心に一九七二年六月に結成。革ジャンにリーゼントというスタイルはジョニー大倉の発案といわれているが、デビューからキャロルの行動は、矢沢によって決定され、いわば矢沢のバンドであった。「ファンキー・モンキー・ベイビー」など数多くのヒット曲にも恵まれたが、メンバー間の亀裂によって一九七五年四月に解散した。

(10)日本統治時代の一九三九年に、朝鮮総督府が本籍地を朝鮮に有する朝鮮人に新たに氏を創設させ、日本名を名乗らせた政策。

(11)「兵庫人権協会ニュース」第六六号、二〇一〇年九月。

第2章

国際結婚のハードル

ダーリンは外国人

第1章で、私の高校時代の恋愛体験について少しお話ししましたが、多くの外国人が悩むのが日本人との恋愛や結婚における民族的葛藤です。これは、逆にいえば、日本人も外国人との恋愛や結婚に大きな壁があるということだと思います。ここでは、ある日本人学生が実際に経験した在日コリアンとの恋愛体験を事例に、日本人と外国人の恋愛・結婚問題について考えてみたいと思います。少し長いですが、私のメモをもとに彼女の体験談の一部を紹介したいと思います。

私は大学生になり、恋人ができた。一回生のときだったから、ちょうど二年前になる。高校まで彼氏がいなかったので、初めてできた恋人だった。

アルバイトをした居酒屋で知り合った彼は、同じ大学の四回生。私の三つ年上だ。話し上手で、インテリの男性だった。大学に入って、私が初めてまともにコミュニケーションできる人だった。私はちゃらちゃらしている学生を軽蔑していたから、彼に出会えたことが嬉しくてたまらなかった。恋人として彼を愛していたし、人としても彼のことが好きだった。とてもとても、幸せだった。彼との幸福な生活がいつまでも続くと信じていた。

しかし、ある出来事を契機に私は彼を遠ざけることになった。彼の秘密を見つけてしまったのだ。日本人と信じて疑わなかった彼は、なんと在日コリアンだった。何ということだろう。よりによって、私が最もマユをしかめるような人種だったのだ。

その日、私はバイトの帰りに初めて彼のワンルームマンションに行った。彼と迎えた最初の夜だった。素晴らしい夜を過ごした後、彼がシャワーを浴びているとき、彼の机の上にあった定期入れの中を何気なく見ていたら、知らない名前の書いてある、外国人登録証明書（当時）というカードに彼の写真が貼ってあったのだ。彼の本名は金（仮名）で、本籍地は韓国の済州島。ショックだった。

翌日から、頭が混乱し始めた。彼には、私が（彼が在日ということを）知っているということは絶対に悟られてはいけないと思っていたし、こんな悩みは誰にも言えないと思っていた。

私が愛していると思っていた人は、愛してはいけない人だった。この矛盾に、私は悩んだ。どうするべきか？　彼とはピリオドを打つべきなのか？　それとも人間として彼のことを愛しているのか？　すぐには結論なんて出ない。別れようと思うけど、すぐに気持ちが変わってしまう。

やがて、彼のことを疑うようになってきた。なぜ本当のことを言ってくれないのか？私と結婚したいと口にするけど、それは口先だけのものなのか？　私は本当に彼のことを信じていいのか？　考えるたびに混乱し、だんだん彼に意地悪な態度をとるようになり、約束をすっぽかすことが多くなった。

けれども、私は彼のことを愛している。日本人としてではなくて、人間として愛しているのではないかと、だんだんと悟るようになった。何事にも代えがたい彼の存在を認識するようになった。こうなるまでに一年かかった。

それからの私は徐々に在日コリアンについて、いろいろなことを勉強するようになった。彼の置かれている現実を知りたかったからである。見渡せば、在日コリアンはたくさんいた。特に関西には多い。中学や高校のクラスにもいた。今まで、気がつかなかっただけなのだ。彼らの多くは金銭的には恵まれている。差別を乗り越えるため、日本人の倍働くからである。普通の人が汚いと思う仕事も平気でやる。なぜならば、法の外で暮らしている人にとって、信じられるものは、お金しかないからだ。

現在ではかなり改善されてきたが、彼らの多くは、才能の有無にかかわらず、認められることの少ない人々だった。例えば、就職においても、いわゆる大会社に就職することが難しかったり、また就職できたとしても、昇進に希望がもてなかったりする。在日コリアンが置かれた現実を知るにつれて、彼の行動には納得させられることがあった。彼が就職を諦めて、卒業後に大学院に行くことを決意したことである。成績優秀な彼が就職を諦めたのは、日本企業の閉鎖性が念頭にあってのことかもしれない。かわいそうに。しかし、どうしようもない。彼の宿命だ。

彼の両親は愛媛に住んでいる。お父さんは在日コリアンの金融機関、お母さんは朝鮮学校の教員をしているという。こういう家庭は、強い民族意識から息子にも同じ在日との結婚を望むのが普通と考えていたが、彼の家庭はそうではないらしい。話を聞いていたら、息子の選んだ相手が一番だという。

しかし、問題は私の家族である。父が片田舎の役所に勤めており、村議会の議員と関わる仕事だったりするので、世間体をとにかく気にする。田舎育ちの母親も、かなり封建的な人間である。こんな家庭で、国際結婚が許されるだろうか。

実際、国際結婚には、さまざまな困難がつきまとう。育った環境、習慣や文化の異なる人間が、人生のパートナーとしてつきあっていくのは難しいことが予想される。また、彼とだけ生活していくのではないということも考えなければならない。彼の両親や親戚ともおつきあいしていかないといけない。世間ではゴロゴロあることでも、保守的な田舎では考えにくいことである。

私には未知の世界へ飛び込んでいく勇気があるのかどうか、わからない。彼のことは好きだけれども、嫌いになったほうがいいかもしれない。悶々としながら、時は過ぎていく。私はどうすればいいのだろうか。

外国人が日本人との恋愛と結婚で不愉快に感じること

みなさんが、友人からこんな悩みを打ち明けられたら、どのような言葉をかけてあげるでしょうか。私が高校時代につきあっていた彼女のように、愛があれば、国籍なんて関係ない、と言う人がいるかもしれません。しかし、日本にこれだけ多くの外国人が存在し、国籍や出自の壁が存在している限り、外国人との関係が友情から恋愛や結婚に発展すると、いろいろなトラブルが生まれるようです。

とりわけ、外国人との結婚ということになると、本人同士の気持ちだけでは済みません。彼女と結婚するなら、親にも祝福してほしいし、親に反対される結婚なら、やめたほうがいいと考える人もいるでしょう。

以前、私は大阪市内の外国籍住民を対象に大規模な意識調査を実施したことがあります。その際に、恋愛・結婚において感じた差別や不愉快な経験について聞いたところ、多かったのは、日本人の相手の親から、①母国や民族を傷つけることを言われた、②帰化を求められた、③明確な理由もなく結婚を断られた、④文化や習慣の違いで結婚を断られたなど、本人同士の衝突よりも、外国人に対する親の無理解から生まれるものでした(1)。

血と国籍

一つの小説を手がかりに、日本人と外国人の恋愛問題をもう少し踏み込んで考えてみたいと思います。紹介したい小説は、金城一紀という作家が直木賞を受賞した小説『GO』（講談社、二〇〇〇年）という作品です。この小説は、在日コリアンの高校生、杉原が友人のバースデーパーティーで出会った日本人の女子学生、桜井と恋に落ちるラブストーリーですが、日本人と外国人との恋愛で生まれる葛藤をリアルに描いた秀作だと思います。

この小説のクライマックスは、愛を育んだ二人がある事件を契機に結ばれるかもしれないシーンですが、まじめな杉原は突然、彼女に「聞いてほしいことがある」と言い、行為を突然、中断してしまいます。杉原は、一番いいときにいったい何を言いたかったんでしょう。

小説の味を損なわない程度に、以下にクライマックスシーンの台詞《せりふ》の一部を抜き出す形で引用したいと思います(2)。

「聞いて欲しいことがあるんだ」

「なに？」

「ずっと隠してたことがあるんだ」

「なんなの？」

「僕は、日本人じゃないんだ」

「どういうこと？」

「言った通りだよ。僕の国籍は日本じゃない」

「それじゃ、どこなの？」

「韓国。でも、中二の時までは朝鮮だった。いまから三ヵ月後には日本になってるかもしれない」

「なにを言ってるの？」

「国籍なんて関係ないってことだよ」

「日本で生まれて、日本で育ったの？」

「教育は違う。僕は中学まで朝鮮学校に通ってた。そこで朝鮮語とかを習った」

「子供の頃からずっとお父さんに、韓国とか中国の男とつきあっちゃダメだ、って言われてたの」

「そのことに、なんか理由があるのかな？」

「お父さんは、韓国や中国の人は血が汚いんだ、って言ってた」

「君は、どういう風に、この人は日本人、この人は韓国人、この人は中国人、って区別するの？」

「どういう風にって……」

「国籍？　さっきも言ったように、国籍なんてすぐに変えられるよ」

「両親が日本人だったら、日本人だと思うけど」

「要するに、何人《なにじん》っていうのはルーツの問題なんだね。それじゃ訊くけど、ルーツはどこまで遡って考えるの？　もしかして君のひいおじいちゃんに中国人の血がはいっていたとしたら、君は日本人じゃなくなる？」


『GO』は、行定勲監督の手で二〇〇一年に映画化され、主人公の杉原を窪塚洋介、桜井を柴咲コウが演じ、窪塚はその年の日本アカデミー賞最優秀主演男優賞を史上最年少で受賞するほどの熱演ぶりでした。しかし、小説を読み、映画を観て、一つ違和感を覚える部分が、このクライマックスの場面でした。

もし自分が主人公で柴咲コウみたいな美人に誘われて、いざ本番という場面で、「聞いてほしいことがある。僕は、日本人じゃないんだ」なんて、女の子がしらける台詞を吐くことができるでしょうか。私なら、すべてが終わってから、カミングアウトするのにと思ってしまうのです。

とはいえ、改めてこのシーンを冷静に振り返ると、日本社会で出自や国籍を隠して生きてきた在日コリアンにとって、出自や国籍を隠さずにありのまま受け入れてくれる日本人との出会いがどれだけが大切なのかが伝わってくると思います。金城一紀が、二人が結ばれる前に杉原に自分の正体をカミングアウトさせたのも、そうしたメッセージを読者に伝えたかったのではないでしょうか。

しかし、桜井は、杉原のカミングアウトに当惑し、杉原を拒否してしまいます。小説なら出自や国籍を超え、ここで二人が結ばれてもよいのではないかと思うかもしれないけれど、金城一紀は非情なまでに桜井の台詞を通して、彼女（日本人）の心に沈潜していたレイシズムを浮き彫りにしていくのです。

生まれという桎梏

『ＧＯ』はあくまで小説で、いまどき、桜井のような韓国人や中国人に偏見をもつ日本人が本当にいるのか、と疑う読者がいるかもしれません。ところが、在日コリアンに対する日本人のまなざしは想像以上に複雑です。その例として、『毎日新聞』で報道された記事(3)を紹介してみたいと思います。

婚約相手だった兵庫県内の自治体の30代男性市議に自分の祖父が在日韓国人だと告げたところ、婚約を破棄されたとして、大阪市の会社員の女性（28）が市議に550万円の損害賠償を求める訴訟を大阪地裁に起こした。市議側は結婚できない理由として、「政治的信条から消極的にならざるをえなかった」と説明しているが、女性は「差別意識に起因し、不当だ」と批判している。提訴は、昨年（2012年）10月。訴状などによると、市議と女性は結婚相談所の紹介で知り合った。市議は同年6月「あなたのことが大好きです」と書いた手紙を渡して「結婚したい」と伝え、女性も承諾した。しかし、その数日後、女性が自分の祖父は在日韓国人だと市議に伝えると、市議は「韓国の血が流れている」などとして婚約を破棄したという。女性は日本国籍だった。

この記事を読むと、『GO』に登場した桜井と同じような差別感情を、日本人男性が在日韓国人女性にもっていることがわかります。さらに問題が複雑なのは、婚約した女性は帰化をして日本国籍を取得しているにもかかわらず、日本人男性は、彼女に韓国人の血が流れていることを問題視していることです。

私も大阪市立大学に赴任してから、同じような問題に遭遇したことがあります。ゼミ生にYさんという在日韓国人の女子学生がいました。彼女の姉が韓国籍を結婚相手の両親に問題視され、いろいろ悩んだ末に日本国籍をとることを決心しましたが、結局、相手の父親が韓国人の血が流れている人に息子をやるわけにはいかないと最後まで反対し、結婚式を中止にしてしまったということです。

こうしたことは、なぜ繰り返されるのでしょうか。橘木俊詔と迫田さやかの実証的な研究によれば、現代の日本において、未婚者が結婚の際に重視するポイントは、第一に「人柄」、第二に「家事の能力」と「仕事への理解」、第三に学歴、職業、経済力、第四に相手の容姿であるといわれています。(4)「人柄」「家事の能力」「仕事への理解」という基準で結婚相手を選ぶのは当然だと思いますが、実際はそれだけでなく、男女ともに相手の学歴、職業、容姿をみて、結婚するかどうかを判断するというわけです。この点は、昔と変わっていない気がします。

ただ、こうした表面的な要素（ポイント）以上に、結婚の条件として、日本社会で昔から重視されてきたものが、相手の「生まれ（ルーツ）」ではないかと思うのです。日本の皇族が一般人と結婚する際、相手の職業や経済力とともに「生まれ」を重視するという特殊なケースだけでなく、ごく普通の家庭の人でも、興信所を使い、結婚相手の「生まれ」を調べたりします。すでに述べたように、結婚を決意した在日コリアンと日本人のカップルが、日本人側の親族から「生まれ」や「国籍」を理由に反対され、結婚を断念するという悲劇が続くのは、こうした日本人の「生まれ」に対する偏見が存在するからだと思います。繰り返しますが、学歴や経済力は努力によって逆転可能ですが、在日コリアンは、いくら頑張っても、朝鮮半島出身という「生まれ（ルーツ）」だけは変えることはできないのです。つまり「生まれ」「出自」に対する日本社会の差別的なまなざしが変わらなければ、「在日」コリアンに対する結婚差別は解消できないところに、この問題の根深さがあると思います。

注

（1）大阪市外国籍住民有識者会議『大阪市内の外国籍住民意識調査』二〇〇〇年。
（2）金城一紀『GO』講談社文庫、二〇〇三年、一八四～一九〇頁。
（3）『毎日新聞』二〇一三年一月二八日。
（4）橘木俊詔・迫田さやか『夫婦格差社会――二極化する結婚のかたち』中公新書、二〇一三年、五一～五三頁。

第３章

学生運動と就職差別

大学入学と就職問題

この本の読者には、いろいろな学歴の方がいると思います。もしかしたら大学生が読んでいるかもしれません。みなさんは、どのような理由で大学に入りましたか。最近は、高校から大学に行くことが当たり前の時代になっていますが、私の時代は中卒や高卒で仕事に就く友人もけっこういたので、大学に行くためには、高い学費を支払ってもらう親に対し、それなりの理由が必要でした。

私は、学問をあまり必要と思っていなかった親から「なんで大学に行きたいんや」と聞かれたとき、こう答えた記憶があります。

「近い将来、親から金銭的に自立して生きていかねばならないと思っているけど、高卒で就職した人と、大卒で就職した人では、生涯賃金で大卒のほうが五〇〇〇万円くらい高い。就職する企業によっては、一億円以上の開きがある。大学に行って一部上場企業に就職して、生涯賃金三億円以上稼いだら、大学四年間の学費はたいした金額ではない。就職したら、大学四年間の必要経費は給料から少しずつ返すから、大学に行かしてくれ」

私がこう言うと、親は黙って大学に進学させてくれましたが、内心では、外国籍の自分が日本の上場企業に入れるのか、とても不安でした。

関西の公立大学の受験に失敗し、京都の同志社大学に進学した私は、大学に入学すると真っ先に就職課に向かいました。大学の就職課は普通、三回生か四回生の就職相談に応じる窓口ですが、就職に不安を抱いていた私は、まだ一回生であるにもかかわらず、就職課の担当者に相談に行ったのです。相談内容は次のようなものでした。

私「私は日本で生まれた在日韓国人で、外国籍なんですが、ちゃんと単位をとれば、就職できますかね」

担当者「今は国際化の時代です。国籍は関係ありません。成績さえよければ、国籍条項がある公務員以外、どんな職業にも就けます」

私「金融機関、できれば大手の銀行を目指しているのですが、外国籍者に不利ということはないですか」

担当者「大手銀行は成績がすべてです。加山雄三（可山優三？）ではなく、優山可三を目指して、勉強に励んでください」

当時の大学の成績は、優（八〇点以上）、良（七〇～七九点）、可（六〇～六九点）、不可（五九点以下）で表記されていました。就職課の担当者の「可山優三」は笑うに笑えない駄洒落でしたが、彼が言うには、優が山のようにある一方、可は三つしかない、当時「優山可三」と呼ばれた成績優秀者でないと、銀行には就職できないということでした。

私の学習法

私は、就職課の担当者のアドバイスを真に受け、大学に入ってからまじめに講義に取り組むようになりました。日本では、高校まではまじめに勉強する学生はたくさんいますが、大学に入学さえすれば、適当に勉強して、卒業できるため、ほとんどの学生はまじめに勉強しない傾向にあります。それに対して、私は、大学に入ってから初めて本格的に勉強しようと思うようになりました。将来、プロのサッカー選手になりたいために練習するように、私は金融機関に就職するために、まじめに大学の講義に向き合うようになったのです。

しかし、当時の大学の先生方の講義は、想像以上に退屈なものでした。当時は現在のように、パワーポイントや視覚教材を使って、工夫した講義をしている教授は少ないうえに、七〇歳近い老教授の中には、何をしゃべっているのかわからない、言語不明瞭な人がかなりいました。なかでも私が受講した会計学のU教授は言語不明瞭で、何をしゃべっても「ファー、ファー」としか聞こえないありさまでした。その結果、階段教室に最初三〇〇名近くいた受講生は、二回目、三回目になると一〇数名になっていきました。

しかし、退屈な授業に我慢して出席を続けるうちに、教授の話も少しずつ聞き取れるようになっていきました。ただ問題は、教授が講義をしながら黒板に板書し、しゃべり終わるとすぐに消してしまうので、話を聞いていたら黒板の内容を写せない、板書をノートに書き写していると、今度は教授の話が耳に入ってこないことでした。私は、この矛盾を解消したいと、塾の講師をして得たバイト代でソニーのテープレコーダーを買い、講義内容を次々と録音していきました。そうすると、板書作業に集中できましたが、今度は、瞬く間に講義テープの山になり、だんだん自宅に戻ってからテープを聞くのが億劫になっていきました。

いろいろ考えた結果、私は教授の話に集中するために、バイト代でミノルタの一眼レフカメラを購入しました。教授が板書した直後に黒板を写真に撮れば、一瞬にして完璧な講義ノートが完成すると思ったからです。これによって、私は講義ノートの作成に煩わされることなく、教授の講義に集中することができるようになりました。カメラ学習法の成果は抜群で、まじめに出席した授業は、ほとんど優を取ることができました。

韓学同《ハナットン》との出会い

大学で勉強ばかりしていてもつまらないので、何か課外活動に参加しようと思い、運動部や文科系を含めいろいろなクラブ活動やサークルに顔を出しました。そんな中、朝鮮文化研究会、通称、朝文研から熱烈なオルグ（勧誘）がありました。朝文研のメンバーの多くは、京都の西院にあった在日朝鮮人のための学生寮に下宿しながら、朝鮮の歴史や文化の学習、朝鮮語の習得に力を注いでいました。

大学から本名を名乗って日常生活を送るようになった私は、同じ境遇に置かれていた在日コリアン学生との出会いを求めていました。母国語の朝鮮語で会話していた彼らを見て、母国語のできない私はうらやましく思いました。しかし、朝文研活動に参加するうちに、違和感を覚えることもありました。北朝鮮の金日成主席が唱えた「主体思想《チュチェ》」(1)に共鳴していた彼らが、朝鮮語や朝鮮史だけでなく、「主体思想」研究会への参加を私に勧めたからです。

「政治の自主、経済の自立、軍事の自衛」を主張した金日成の主体思想は、政治、経済、軍事面で米国に従属した日韓に比べて、非常に魅力的なスローガンでしたが、北朝鮮に帰国した在日コリアンからもたらされる情報で、朝鮮人民の悲惨な生活実態がだんだんわかってくると、危険な思想だと確信するようになりました。さらに、彼らが、仲間を北朝鮮式に「トンム（同志）」と呼ぶことにも違和感がありました。つまらない話ですが、当時、私には朝文研の新入生歓迎会で出会ったコン（権）くんという友人がいて、彼が朝文研の仲間から「コンドンム（権同志）」と呼ばれることを、とても嫌がっていたことを今でも覚えています。「コンドンム」がどうしても「コンドーム」に聞こえたからです。

そんなとき、今度は大学内の韓国文化研究会（韓文研）というサークルから、オルグがありました。最初の活動は、ウリマル（韓国語）や在日コリアンの歴史を学習し、韓国舞踊やノレ（歌）など韓国の民族文化に触れるというもので、本名を名乗ってはいるものの、韓国人としての素養がまったくない私には新鮮なものでした。

しかし、何か月か韓文研の学習会に足を運ぶと、韓文研が韓国学生同盟（韓学同）という学生団体の下部組織であることがわかってきました。新入生歓迎会が終わると、韓学同京都本部の執行部合宿に誘われ、先輩から、東京で行われる「朴政権退陣要求在日韓国学生総決起集会」に参加するように言われました。

韓学同は、解放後に民団の下部組織として大韓民国を指示する大学生によって結成され、当初は在日コリアンの民族的アイデンティティーの確立や日本における在日コリアンの権益擁護運動に取り組んでいました。しかし一九六〇年代に入って、韓国で朴正熙大統領による独裁政権が誕生すると、民団から離脱し韓国の民主化運動を支援する学生運動組織に発展していきました。

私は最初、学生運動なんてダサいと感じていました。しかし、韓文研の学習会で韓国の政治や経済を学び、祖国の実情を知るにつれ、自分に何ができるのか考えるようになりました。そして韓学同の集会に参加し、在日コリアンの仲間が集まって祖国の民主化について皆が熱く語る光景を見て、それまで自分が探し求めてきたレゾンデートル（生きる理由）を見つけたような気になりました。

私が韓学同運動に参加したのは、一九七六年から七九年の四年間ですが、この間の韓国は暗黒の時代でした。一九七一年四月に実施された大統領選挙で野党の金大中候補にわずか九五万票差まで追い上げられ、かろうじて当選した朴大統領は、米中の関係正常化を背景にした在韓米軍の撤退を国家の危機として、同年一二月に「国家非常事態宣言」を発表して国民の政治活動を禁止し、一九七一年一〇月には「非常戒厳令」を宣布して国会を解散し、すべての政党の政治活動を停止させました。そして同年一二月に大統領に権力を集中させる「維新憲法」を制定し、野党のみならず労働組合まで解体し、国民や労働者の行動の自由や言論の自由を大きく制限するようになりました。中国返還後の香港で、二〇二〇年「国家安全維持法」が施行され、国民の言論・行動の自由が制限されましたが、このときの韓国の状況とよく似ています。

こうした朴大統領の権威主義政治に対する国民の反発も激しく、私が大学に入る前後から、韓国の民主化運動も激しさを増すようになっていきました。私が大学に入学した一九七六年には在野の政治家や宗教家などによって「民主救国宣言」が発表され、私が韓学同京都本部の中心的メンバーになった一九七七年には、ソウル大学の学生一五〇〇人が政府に抗議する集会を大学内で開催し、多くが逮捕されました。その中には、国家保衛法や反共法違反で拘束され、保安司（韓国国軍保安司令部）による厳しい尋問と拷問で亡くなった学生もいました。

さらに、韓国に留学していた在日コリアンの先輩が、日本から持ち込んだソニーのラジオで北朝鮮の放送を傍受していたというとんでもない理由で保安司に拘束され、裁判により反共法違反で死刑判決を受けたことは、私に大きなショックを与えました。政治犯として韓国に長らく拘束されていた徐勝《ソスン》氏が、のちに日本で出版した『獄中19年――韓国政治犯のたたかい』（岩波新書、一九九四年）で語っているように、母国の言葉や文化を学ぶために韓国に留学した在日韓国人学生たちも、ある日突然、「北（北朝鮮）のスパイ」という理由で拘束され、執拗に拷問が続けられる地獄の獄中生活を余儀なくされたわけです。韓国で実施されていた恐怖政治は、日本に住んでいた在日コリアン学生にとっても他人事ではなかったのです。

私たちも、韓国の民主化運動に連帯するため、全国の大学に在籍する在日コリアン学生を集めて、月一回のペースで東京や大阪で韓国政府に抗議する集会を開催し、街頭デモを行いながら、「朴政権は即刻退陣しろ」「維新体制を打倒」とシュプレヒコールを上げました。朴政権打倒の強い意志を示すため、ジグザグ・デモ(2)やハンスト(3)を行ったこともありました。

大学の四年間、ほぼ毎日、母国語や祖国の歴史、本国情勢や在日の権益問題を学ぶ学習会、執行部会議、民族文化祭、立て看板作成、ビラ配り、集会の繰り返しで、私は学生生活の多くの時間を韓学同運動にささげましたが、その幕切れは突然にやってきました。一九七九年一〇月、朴正熙大統領が側近のＫＣＩＡ（大韓民国中央情報部）部長に射殺され、運動の目標がなくなってしまったのです。維新体制が幕を閉じるとともに、私の学生運動への熱も徐々に冷めていきました。

外国人学生の採用に消極的な日本企業

大学で学生運動とともに力を注いだのが就職活動でした。私のような外国籍の学生は、就職が厳しいとさんざん親から言われていたからです。学生運動にのめり込んだ学生の多くが、大学の講義に行かなくなり、留年を繰り返すのを見ていた私はそうなりたくないと思っていました。学生運動のせいで学業をおろそかにするのは、本末転倒だと思っていました。私は、大学の授業と韓学同活動を両立するため、できるだけ授業を午前中に集中させ、学生運動に必要な戦術を学問から学ぼうとしました。実際、大学の講義で学んだ宇野理論(4)や大塚史学(5)、また世界システム論(6)や従属理論(7)は、学生運動のテーマであった韓国の民主化を考えるうえでも有効な思想でした。もっと深く勉強したいという学問的欲求は、成績上昇にもつながりました。

少し話は前後することになりますが、大学四回生の春に三回生までの成績が発表されました。学生運動をやりながらも、まじめに講義に出席したおかげで成績は良好で、大部分の受講科目は優でした。就職課の担当者に成績を見せに行くと、彼も私の顔を覚えていてくれて、私が希望する金融機関に就職していたＯＢの連絡先を教えてくれました。

しかし、韓学同の仲間の中では、日本の企業に就職することを問題視する者もいました。朴政権に経済協力している日本企業に入社するのは、結局、韓国の民主化につながらないというのが彼らの理屈でした。しかし、私は、外国人への就職差別が残る日本で、外国籍でも日本の一流企業に入れることを示すのが、在日コリアンの権益擁護・地位向上につながると考えていました。

就職課を通じて紹介されたＯＢに連絡すると、同じ大学を卒業したリクルーターから連絡があり、懇切丁寧に就活情報を教えてくれました。リクルーターの指導にそって、エントリーシート（当時はエントリーシートという言葉は使ってなかったかもしれません）を丁寧に書いた私は、万一に備えて、外資系や信用組合を含め二〇の金融機関にエントリーしました。

期待に胸を膨らませ臨んだ就活でしたが、結果は惨憺《さんたん》たるものでした。なんとエントトリーした二〇の金融機関のうち、外資系の一行を除いて、一次の書類選考で不採用という結果でした。就職課の担当者に結果を伝えると、「それだけの成績を収めながら書類選考で落とされるのは聞いたことがない」と言って、とても残念がってくれましたが、それ以上の対応は望めませんでした。

やはり外国籍だからダメなのか、そんな不安をもちながら、私は最後に残った外資系の金融機関に賭けました。幸運なことに、外資系の金融機関は、最終面接まで残りました。私は、米国の金融機関なので最終面接は英語で行われると思い込んで、西宮にある英会話学校に個人レッスンを申し込んでみました。そして、最終面接で予想される質疑応答集を作り、英語での返答を頭にたたき込んで、最終面接に臨みました。ところが最終面接に現れたのは、年配の日本人の人事部長で、面接は日本語で行われました。

「朴さん、ご縁があれば、ぜひうちの銀行で働いてもらいたいと思っています。うちの銀行は外資系ということもあり、行員には外国籍の方が少なくありません。その中でも、在日コリアンの金本くんは、とても優秀で、現在、香港支店の支店長代理として頑張っておられます。朴さんも、金本くんのように、当行で頑張ってみませんか」

人事部長にそう言われたとき、他行でまったく相手にされなかっただけに、私は涙が出るほど、うれしかったのを覚えています。しかし、最後に、人事部長が言った言葉で私は奈落の底に突き落とされました。

「朴さんを採用するにあたり、言いにくい話ですが、一つ条件があります。当面は日本で働いてもらうことになりますが、日本のマーケットのお客さまは韓国人や朝鮮人に対して複雑な感情を抱いている方が少なくありません。できれば朴じゃなくて、日本名で働いてもらえると助かります」

就職活動のゴールを目前にして、よりによって採用条件は日本名の使用でした。高校生のときに、勇気を出してやっと取り戻した本名、大学でようやく慣れ親しんだ本名。それなのに、これから日本で働きたいなら、再び日本名を名乗り出自を隠して、生き続けねばならないのか。

私は悩みに悩んだ末、翌日、内定を得る寸前だった金融機関に辞退すると連絡しました。私の大学での長くてつらい就職活動が終わったのは、皮肉にも就職が失敗したときの保険として受けていた大学院入試の不合格通知が届いた大学四回生の七月でした。

注

(1) 一九六〇年代前半に北朝鮮の金日成主席が提唱した政治思想。当時の社会主義大国であったソ連や中国の介入を受けない「政治の自主、経済の自立、軍事の自衛」を唱え、金日成を頂点とする社会主義的な中央集権体制の正当性を説いた。

(2) 過激な抗議行動として、数百名が道路の真ん中でジグザクにデモすること。当然、警察に阻止され、逮捕者が出る可能性もある。

(3) ハンガーストライキの略称。ストライキを行う間、飲まず食わずでいること。

(4) 日本のマルクス経済学者・宇野弘蔵が提唱した経済理論。マルクス経済学の研究を原理論（資本主義経済の法則解明）、段階論（資本主義経済の歴史的な発展段階の把握）、現状分析（現在の資本主義経済の分析）の三段階に分類し、研究を進める宇野シューレを打ち立て、日本の学生運動にも大きな影響を与えた。

(5) 日本の経済学者・大塚久雄とその弟子たちによって提唱された経済史のアプローチ。マルクスの唯物史観論とウェーバー社会学の方法を用いて、近代資本主義の発展過程を経済と思想の相互作用の視点から分析する独自の経済史のアプローチを構築した。

(6) I・ウォーラーステインが提唱した巨視的経済認識。世界を一国単位で把握するのではなく、中核、半周辺、周辺からなる一つの「世界システム」として理解し、「世界システム」の変化と連続性の立場から、近代世界の発展のダイナミズムを理解しようとする経済史アプローチ。

(7) 一九六〇年代にラテンアメリカで生まれた経済思想。新従属論ともいわれる。R・プレビッシュ、A・G・フランク、S・アミンなどの構造学派によって提起され、先進国の発展と途上国の低開発をコインの表と裏の関係として理解しようというもので、先進国と途上国の間に「不等価交換」の交易が続く限り、南北問題は解消しないとし、南北間の不平等な交易関係の改善を主張した。

第4章

知の鎖国

食えない学者

希望する金融機関に就職できなかった私は、一般企業への就職を断念し、大学院に行きながら自分の進路を考えることにしました。そのためには、三月に実施される大学院の後期入試にどうしても合格しなければなりません。私が目指した同志社大学大学院商学研究科前期課程の試験科目は、経済原論（マクロ、ミクロ、マルクス経済学から一科目選択）、商学（経営学、金融論、会計学、貿易論から一科目選択）、英語、第二外国語（フランス語、ドイツ語、ロシア語、スペイン語から一科目選択）の四科目でした。貿易論と英語には自信がありましたが、経済原論と第二外国語のスペイン語には不安がありました。学生運動を卒業し、後期入試まで約三か月、経済原論はマルクス経済学に絞り、宇野弘蔵の経済原論を一日五時間勉強し、スペイン語は毎日三時間、フェルナンド・カルドーゾの「従属論の背景」というスペイン語文献を訳しながら、経済文献における頻出スペイン語をできるだけ習得するように努めました。

スペイン語に不安を抱えたまま大学院の後期入試に臨みましたが、入試のスペイン語に出題されたのは、経済文献ではなく、スペインの哲学者オルテガ[1]の『大衆の反逆』という哲学の文献でした。難解な文章でしたが、すでに学生時代に日本語で読んだことのある作品だったので、なんとか解読でき、私は大学院に滑り込むことができました。

大学院での指導教授は、途上国の経済開発における国家の役割を研究する国家資本主義論[2]の枠組みからインドを対象に地域研究をしていた西口章雄という経済学者でした。ラテンアメリカで生まれた従属論の枠組みから韓国経済における外資の役割を研究したい私と国家資本主義論の立場に立つ指導教授の考え方には大きな開きがありましたが、大学院生活は、学生運動から離れ、韓国という国を冷静に見直すよい機会になりました。修士課程では、インド、台湾、韓国でのフィールドワークをもとに比較研究を進め、研究成果を二本の論文にまとめることができました。今から振り返ってみると、たいへん充実した大学院生活であったと思います。

その後、修士課程での研究生活の楽しさもあり、ずるずると博士課程まで進学し、大学院の先輩が次々と大学に就職する姿を見ているうちに、このまま学問で飯が食っていければと、しだいに甘い夢を見るようになりました。

とはいえ、塾や予備校でバイトしながら食いつないで、博士課程まで進学したものの、いっこうに先は見えてきません。大学に就職するための当時の最低条件は学術誌に掲載された論文三本、学会発表一回以上となっていましたが、あくまでそれは目安にすぎず、論文を一本しか書いていないのに、指導教授のコネで悠々と就職していく者もいれば、いくら論文を書いても就職できない不遇な院生もいました。

私は後者の典型でした。博士課題の単位を取得すると、日本人の院生は指導教授の推薦で就職していくのに、外国籍の私には、常勤講師はおろか非常勤の口さえ見つからなかったのです。やがて私は指導教授の推薦状や人間関係を重視する日本の大学の不透明な就職システムに苛立ちを覚え始めていました。

実際、日本の大学ほど、就職に際して指導教授の力がものを言うところはありません。東大や京大を頂点とする旧制大学は全国にいくつかの衛星大学を抱え、有力教授が自分の弟子を推薦状一枚で送り込んでいくのです。どこの大学の何教授の弟子であるということが、これほど幅を利かせている職場もめずらしいと思います。院生がどんな論文を何本書いたかよりも、どこの大学院の誰の弟子かということが就職の決め手となっているのが、かつての日本の大学の実情でした(3)。

したがって、日本の大学の場合、限られた一流大学の力をもつ教授たちが弟子を自分の後釜に据えるか、衛星大学に送り込むため、教員が旧帝大や名門私学など一部の大学出身者で占められている大学が多かったわけです。例えば、私の友人が勤める国立のS大学の経済学部は教員の八〇％が東大出身者であり、後輩が勤めている関西のK大学でも二一名の専任教員（経営学部）のうち一八名が神戸大出身者でした。

そのため、政治力のない教授についた院生や、衛星大学をほとんどもたない私大出身者の就職は絶望に近かったといえます。確かに、当時の大学にも「公募」というシステムは存在していました。実際、大学が教員を採用するにあたっては、「公募」制度に基づいて行われている場合が多かったと思います。けれども内実は、形式的な「公募」が多く、「公募」する以前に採用者が決まっているということもめずらしくありませんでした。

こんな話もありました。かつて九州のY大学が数年前に「国際経済論」の担当教員を公募しました。九大をはじめ実力のある院生二〇数名が公募に応じたといわれています。さっそく、Y大学の教授会は選考委員会を設けて、候補者を数名に絞り込みました。ところが最終面接を行う寸前に、その分野で学会の権威者であるA教授から審査員長宅に「お宅の大学の今回の人事でお願いしたいことがある」という連絡があったようです。選考委員長がその教授宅に出向くと、「来年うちの大学で公募する『貿易論』のポストについて、あなたの推薦する院生を採用する代わりに、今回は私の息子をよろしく」という依頼を受けたというのです。この結果、Y大学は文部科学省に顔が利くA教授に忖度し、K大学の大学院に在籍中のA教授の子息（ちなみに彼にはほとんど業績らしいものはなかった）を専任教員として迎えたという話です。

　こうした話を山ほど聞かされていた私は、半ば日本の大学への就職を諦めていました。なにせ指導教授は就職口を世話してくれるほど政治力をもっていなかったし、親父が教授でもなく、特定の大学にコネがあるわけでもない。まして私立大学の出身で、外国籍とくれば、四重苦だといえます。それでも諦めきれなかった私は、「外国人でも採用してくれる大学が日本のどこかにあるかもしれない」「どこかにきっと私の論文を評価してくれる人がいるに違いない」と自分に言い聞かせながら、ひたすら論文を書き続けるしかありませんでした。

在日コリアン研究者の採用に消極的だった日本の大学

　指導教授による推薦就職の道が断たれた以上、もはや「公募」に頼るほかないと思いました。「なかには、ちゃんとした公募で採用している大学もあるのでは」という気持ちで、手当たりしだい大学院の掲示板に貼り出された「公募」に応ずるも、いっこうに手応えはありませんでした。履歴書とともに同封した論文の抜き刷りは、ほとんど読んだ形跡が見られぬまま送り返されてくるのが常でした。オーバードクターに突入した一九八六年から八七年にかけて、私が「公募」に応じた大学は一〇を超えました。指導教授に推薦状をもらうことさえ億劫になり始めていました。

でも、諦めずに論文を書き続けたこともあり、一九八七年には発表論文が一〇本を超えるまでになりました。特に一九八七年はオーバードクターの期限が切れるということもあり、一年間に三本も論文を書きました。この年に賭けていたということもあったと思います。というのも「公募」の場合、ほとんどの大学は採用条件として「満三二歳以下」という年齢条件を付けていたからです。この年に決まらなければ、年齢条件で切られてしまい、論文審査どころではなくなる、という切迫感が私を追い詰めていたと思います。

幸い一九八七年、在日コリアンの大学教授の紹介で京都の龍谷大学で非常勤講師として世界経済論を教えることになりました。大教室で三〇〇人以上の受講生に教えるのは初めての体験でしたが、塾で教えていたこともあり、わかりやすい講義は好評で、すぐに人気講義になりました。大学での教育歴も大学公募の条件の一つだったので、龍谷大学での教員体験は就職の強い武器になりました。

この年、私は七つの大学に応募しました。公募用紙が六月頃から大学院に掲示され、自分の専攻に見合った募集科目を探すわけですが、たとえ見つかっても、本当の公募かどうかはわかりません。すでに候補者がいて「あて馬」探しの「公募」かもしれないからです。でもそんなことは言ってはいられませんでした。まず応募する大学を見つけたら、『全国大学教員目録』で該当する大学学部の教員構成を調べて、自分の大学に知り合いの教員はいないか、また外国人の専任教員がいるかなどを調べました。大学院が同期であるとか、同じ学派であるとか、同じ学会に所属しているとか、とにかく学内に関係者を見つけて何らかの形で推薦してもらうわけです。これは、純粋な公募かどうかを知るうえでも重要な作業でした。その先生を通じて応募する前にいろいろな情報を提供してもらえることがあるからです。特に外国人の専任教員がいるかどうかは、重要な判断材料になります。採用にあたって当時は「住民票の提出」（当時の在日コリアンには住民票はなく、外国人登録証明書しか出せなかった）を義務づける大学が多かったからです。

一〇月に入って、四つの大学からいつものように丁寧な不採用通知をいただきました。残り三つの大学のうち二つが国立大学でした。一九八二年に発令された「外国人教員の任用等に関する特別措置法」によって、外国人もようやく「公募」教員の採用試験に応募できるようになりましたが、この時点で国公立大学が欧米人はともかくアジア人教員、なかでも在日コリアンの採用に積極的になっていたかといえば疑わしいと思います。一九八七年時点で日本の国立大学における人文・社会科学系の在日コリアンの教授はたった一名というありさまでした。この数字ほど日本のアカデミズムの在日コリアンに対する閉鎖性を示しているものはないと思います。

けれども予想に反して、二つの国立大学については最終選考まで残るという評価を得ました。結局、どちらの大学も私を「あて馬」にしたわけですが、後日聞くところによれば、どちらの大学も論文を二本しか書いていない現役の院生を採用したとのことです。国立大学でも公募という体裁をとって、堂々と縁故採用していることを知り、私の怒りは頂点に達しました。この時点で、私は大学への就職を九九％諦めていました。私は、最後に残されていた東京の私立大学へ応募していたことさえすっかり忘れ、大学院を追い出されたら塾経営に専念しようなどと考えながら、最後の作品になるかもしれない論文の仕上げに入っていました。

救いの神

大学院の期限切れが迫った一九八八年の二月、思いがけない電話がかかってきました。「最終選考にあなたが残りました。つきましては東京で面接試験を実施したいので、×月○日にTホテルに来てもらいたい」という立正大学経済学部からの吉報でしたが、何よりも驚いたのは電話の主が、宇野派の現状分析のバイブルといわれた『世界資本主義』（未來社、一九六四年）を書いた岩田弘教授(4)であったことです。一九六〇年代のマルクス経済学と新左翼運動に大きな影響を与えたといわれているこの書物に、私はウォーラーステインの「世界システム論」以上の影響を受けましたが、まさかその著者が審査委員長であるとは知りませんでした。

しかし、立正大学には期待していませんでした。『私立大学教員目録』を調べてみたところ、二〇〇名以上の専任教員の中に外国人教員は一人も見当たらなかったし、私が出願していた経済学部が前東大学部長のO教授を筆頭に東大閥で占められていたからです。それも二一名の専任教員のうち東大出身が一八名という徹底ぶりでしたから、外国籍で関西の私学出身の私が入り込む余地などないと判断したのも無理はありません。おそらく「公募」条件に「推薦状の必要なし」という一文が添えられていなかったら、応募していなかったと思います。

ともかくこれが最後のチャンスだと思って面接に臨んだものの、とても採用を前提とした形式的な面接といえる代物ではありませんでした。審査委員長の岩田教授はしきりに「あなたの論文は荒っぽいけれども、とてもおもしろい」と褒めてくれましたが、近代経済学会の大物でもある学部長のO教授は、韓国籍の私の採用に消極的であるのか、悪意に満ちた質問を繰り返しました。

O教授「あなたの論文は新聞のエッセイみたいですね」

私「……」

O教授「韓国をお相撲さんにたとえると誰になると思いますか」

私「急速に横綱にのしあがったが、問題の多い双羽黒というところではないですか」

O教授「あなたは北朝鮮のスパイではないでしょうね」

私「どういう意味でしょうか」

O教授「韓国人のあなたを採用して北朝鮮サイドから、何かクレームが出るという危険性はありませんか」
私「他の大学にも韓国・朝鮮籍の教員がいらっしゃいますが、そんなトラブルは聞いたことがありません……」

私とO教授との言い争いを岩田教授が仲裁する形で面接は終了したが、他の教授たちの顔色はみな厳しく、私の最後の望みは立ち消えたかに見えました。

ところが人生とは不思議なものです。一週間後、予想を裏切って「採用」の連絡を受けました。しばらく信じられませんでした。立正大学に赴任してから何かと世話を焼いてくれたH教授によると、教授会ではO教授を筆頭に私の採用に反対意見が出たものの、審査委員長の岩田教授が大学の国際化を進めるため、外国人を採用する必要があると言って押し切ったようです。選考過程では二〇名近い応募者の中から私を含めて最後に二人に絞り込まれたがどうしても甲乙つけがたい。考えたあげく岩田教授は、もう一人の候補者は優秀な日本人だから他の大学にも引っかかるだろうが、私は韓国籍だから他の大学では雇ってもらえないだろうと他の審査員を説得したと後日聞きました。まさに岩田教授は私にとって就職の恩人です。けれども外国人教員の採用に消極的な日本の大学に、いったい彼のような進歩的な考えの持ち主が何人いるでしょうか。もし岩田教授という日本人に出会わなかったら、私の職業も、その後の人生も違っていたかもしれません。

注

(1) スペインを代表する保守派哲学者。日本でも、著書『大衆の反逆』が翻訳され、西部邁など多くの文化人に影響を与えた。

(2) 国営企業や為替管理などの手段を通じて、国家が市場経済に介入し、経済運営をするという経済システムの形態。一九六〇・七〇年代の韓国・台湾や現在の中国・ロシアの経済システムが国家資本主義と呼ばれることがある。

(3) 日本の大学の教員採用にあたって、引き抜き人事は別として、現在はかなり公募制が徹底されている。

(4) 日本を代表するマルクス経済学者。宇野弘蔵に師事し、宇野理論に依拠しながら、独自の世界資本主義論を構築。その理論は、一九六〇・七〇年代の日本の学生運動にも大きな影響を与えた。

第5章 さらば指紋押捺

「指紋押捺拒否予定者会議」に参加

大学院時代、研究以外に私が多くの時間をさいたのが指紋押捺拒否運動でした。事の始まりは、一九八〇年九月一〇日、在日韓国人一世の韓宗碩《ハンジョンソク》さんが、東京新宿区役所で、外国人登録証明書の切り替えにあたって義務づけられた指紋押捺を拒否した事件がメディアで大きく報道されたことでした。日本人には犯罪者にだけ強制される指紋押捺をすべての在日外国人に義務づけることは、民族差別であり人権侵害にあたるという韓さんの主張に、私も共鳴したのです。

当時、日本に定住している外国人は一四歳を超えると、外国人登録の新規登録や切り替えに応じて指紋押捺を義務づけられていました。もし指紋押捺に応じなければ、「一年以下の懲役もしくは禁固、または、三万円以下の罰金」という罰則が科されていたのです。

韓さんの指紋押捺拒否は、帰国や海外渡航にあたって日本への再入国許可も与えられないというリスクを背負っての決断でした。

孤立無援の状況下で良心にしたがって指紋押捺を拒否した韓さんの勇気ある抵抗は、その後、私を含め多くの共鳴者を在日韓国・朝鮮人社会に生み出しました。一九八四年、フリーライターをしている金容権《キムヨンゴン》さんから連絡があり、東京で指紋押捺拒否予定者会議という組織を立ち上げたから、関西の立ち上げに中心メンバーとしてかかわってほしいという誘いを受けました。諮問押捺拒否予定者会議は指紋押捺を直ちに拒否するのではなく、指紋押捺制度が廃止されなければ、外国人登録証明書の切り替えが集中する一九八五年に指紋押捺を集団拒否することを予告することで、法務省に外国人登録法改正への圧力をかけることでした。

私は、指紋押捺の廃止には賛成でしたが、もし自分が拒否した場合、日本への再入国許可が与えられなくなると、韓国に帰国できなくなるので、かなり迷いましたが、最後は金容権さんの「一緒に頑張ろう」という甘い言葉に乗せられてしまいました。その後、関西で指紋押捺拒否予定者会議を立ち上げることになり、参加者を募りましたが、学生運動時代の仲間はみな、強い罰則を恐れ、メンバーになることに消極的でした。

結局、指紋押捺拒否予定者会議関西支部は、私一人でスタートすることになりましたが、毎月のように大阪市生野区のＫＣＣ（大韓基督教会）で集会を開いて、すでに指紋押捺を拒否していた定住外国人とともに、教会関係者や自治労（全日本自治団体労働組合）、また部落解放同盟などの市民団体に外国人の指紋押捺拒否運動への理解を求め、支援の輪を広げていきました。

こうした在日コリアンの草の根の運動の結果、一九八〇年に二名しかいなかった拒否者は八二年に二一名、八四年に八〇余名に膨れ上がり、わずか五年近くの間にその数は一〇〇名近くにのぼりました。その頃から、民団でも指紋押捺制度撤廃一〇〇万人署名運動も始まり、拒否者は在日韓国・朝鮮人にとどまらず、在日米国人や在日華人にも波及し、指紋押捺拒否は大衆運動化していくことになりました。

外国人登録証明書不携帯で逮捕

そんな中、一九八四年六月、事件が起こりました。車を運転中に名神高速道路尼崎インターチェンジ入り口で飲酒検問があり、私は外国人登録証明書（以下、外登証）を携帯していないという理由で、警察に拘束され、尼崎西警察署に連行されたのです。外国人登録法（以下、外登法）で「外登証の不携帯」という罰則規定があると聞いていましたが、実際に外登証を二四時間携帯するのは不可能で、紛失を恐れていた私はいつも自宅の机の中にしまっていたのです。

その日も、外登証を自宅に置いたまま、車で外出し、たまたま高速入り口で行われてい

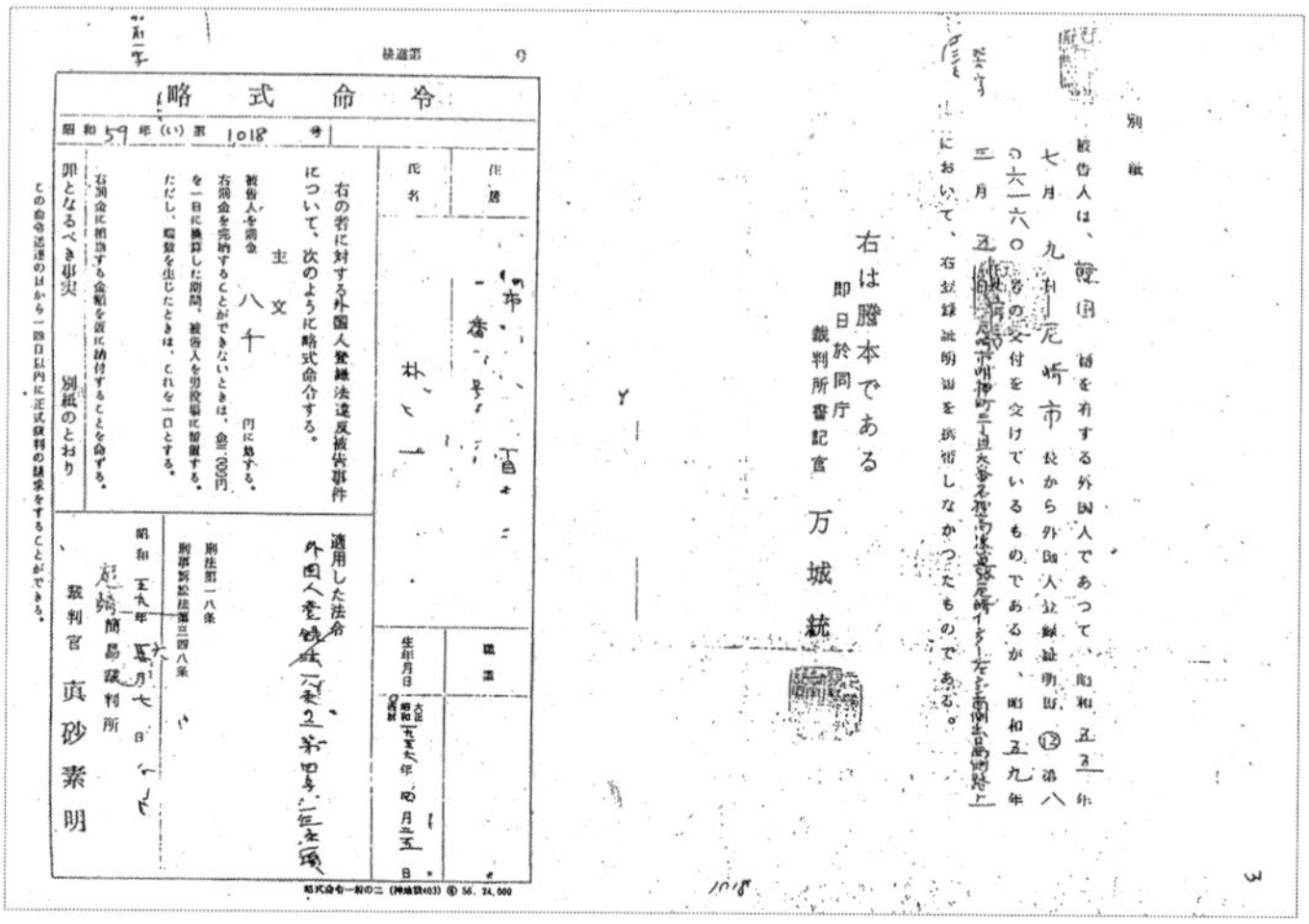
検第　号

略式命令

昭和59年（い）第1018号

右の者に対する外国人登録法違反被告事件について、次のように略式命令する。

主文

被告人を罰金八千円に処する。

右罰金を完納することができないときは、金2000円を一日に換算した期間、被告人を労役場に留置する。

ただし、端数を生じたときは、これを一日とする。

右罰金に相当する金額を仮に納付することを命ずる。

罪となるべき事実　別紙のとおり

適用した法令

刑法第一八条

刑事訴訟法第三四八条

昭和五九年五月七日

尼崎簡易裁判所

裁判官　真砂素明

氏名

住居

職業

生年月日　昭和三十六年四月二五日

この命令送達の日から十四日以内に正式裁判の請求をすることができる。

略式命令一般の二

別紙

被告人は、韓国籍を有する外国人であって、昭和五五年七月九日尼崎市長から外国人登録証明書第八〇六一六〇号の交付を受けているものであるが、昭和五九年三月五日尼崎市神崎町二十三番先路上において、右登録証明書を携帯しなかったものである。

右は謄本である

即日於同庁

裁判所書記官　万城統

外国人登録法違反に対する裁判所の略式命令書

た飲酒検問で、飲酒ではなく、外登証の不携帯で捕まったわけです。尼崎西警察署に連れていかれると、二人の警察官から取り調べを受けることになりました。数時間にわたり、名前、住所、職業などの個人情報だけでなく、姉や妹の配偶者の国籍や職業まで聞かれ疲れていた私は、警察官の質問につっけんどんに答えていたところ、突然、質問をしていた若い警察官がキレて、私にこう言ったのです。

「日本の法律を守らんのやったら、さっさと自分の国に帰れ」

この警察官の一言で、私もアンガーコントロールできなくなり、こう言い返しました。

「外登証の常時携帯って言いますけど、街の銭湯行くとき、どうすればいいんですかね。服脱いで、裸になったとき、ビニール袋にこの外登証入れて、首からぶら下げて入るんですか。あなたも、一度やってみてくださいよ」

　この一言で、取り調べは終わり、私の外登法違反事件は裁判所送りになり、数日後、裁判所から次のような略式命令が下されました。

「被告人を罰金、八〇〇〇円に処する。罰金を完納することができないときは、金二〇〇〇円を一日に換算した期間、被告人を労役場に留置する」

　外登証を常時携帯することなど、そもそも不可能なのに、それを罪に四日間も労役場留置とは。指紋押捺だけでなく、外登証の常時携帯も外国人に対する人権侵害以外の何ものでもない。指紋押捺拒否運動の方針に、押捺制度の廃止と同時に、外登証の常時携帯制度の廃止を盛り込んだのは、この不条理な判決からです。

指紋押捺を拒否

　法務省はこうした指紋押捺拒否者に対して再入国不許可という制裁措置を講じたり、各自治体の外国人登録担当者に法第一四条違反として告発させ、しかるのち逮捕という強硬手段に出るなど、逆に弾圧の姿勢を強めていきました。一方、逮捕された外国人の中には、ついに法廷闘争に持ち込む人もいました。

　その一人、神奈川県で指紋押捺を拒否したキャサリン森川さんに対し、横浜地裁は一九八四年六月「罰金一万円」の有罪判決を下しました。この裁判で、弁護側は、①指紋は個人にとって最も重要な情報の一つであり、意思に反して指紋を採るのは、個人の私生活の自由が尊重されるべきことを定めた憲法一三条に違反する、②犯罪容疑者の場合と同じ「回転押捺方法」は、品位を傷つける取り扱いを禁じた国際人権規約七条に違反する、③外国人にだけ押捺を強制するのは、法の下の平等を定めた憲法一四条に違反すると主張しました。結局、判決は「内外人の取り扱いに法律上の差異を設け、外国人に対し権利を制限することがあることはやむをえない」、「外国人登録上の指紋押捺が指紋による個人識別を目的としている以上、同法の行政目的を達するための必要最小限のやむをえないもの」としてキャサリン森川の訴えを退けました[1]。

しかし、翌日、裁判の結果を報じた日本の新聞各紙の社説は、判決とは裏腹に「指紋押捺制度は廃止すべき[2]」という論調で占められることになりました。日本の世論がこうした指紋押捺廃止論に傾き始めたのは、指紋押捺制度自体がすでに形骸化しているという現場からの告発が見られるようになったからだと思います。

そもそも外国人に指紋押捺を求めるのは、「自己証明に欠かせない登録証明書が、間違いなく本人に交付され、本人のみが利用でき、他人が不正に利用しないようにするため」で、「登録している人と訂正の申立人とが本当に同一人か否かを確認する」ためには必要な制度であるというものでした。

しかしながら、一九八四年以降活発化した指紋押捺をめぐる裁判の場で、自治体職員の証言を通じて「本人の照合」などまったくなされていないことがしだいに明らかになっていきました。さらに、法務省においてさえも、一九七四年以降、外国人から採取した指紋と「本人の照合」は行われていないことが判明していきました。このため、指紋押捺制度に対する国民の疑惑はいっそう高まることになったのです。

こうした状況の中で、指紋押捺は外国人に対する人権侵害であるという世論が盛り上がり、徐々に指紋押捺制度の改正を求める声が日本人の側からも高まるようになっていきました。多くの地方議会や全国市長会で外登法の改正を求める意見書が採択され、外国人登録事務協議会などの自治体組織でも指紋押捺制度の改正を求める決議文が採択されるようになりました。

当時、指紋押捺を拒否した外国人と向き合わねばならないのは、各自治体の市民課の窓口の担当者でしたが、彼らから、外国人に指紋押捺を強制したり拒否者を告発することを疑問視する声も高まり、拒否者の告発を留保したり、警察からの照会に協力しない自治体職員も現れるようになりました。

自治労をはじめとするこうした自治体労働者の連帯運動は、告発されないという安心感から指紋押捺を拒否する外国人を急増させることにもなりました。一九八五年、民団が全国で指紋押捺留保運動を展開し、指紋押捺拒否予定者会議のメンバーの多くも、一斉拒否

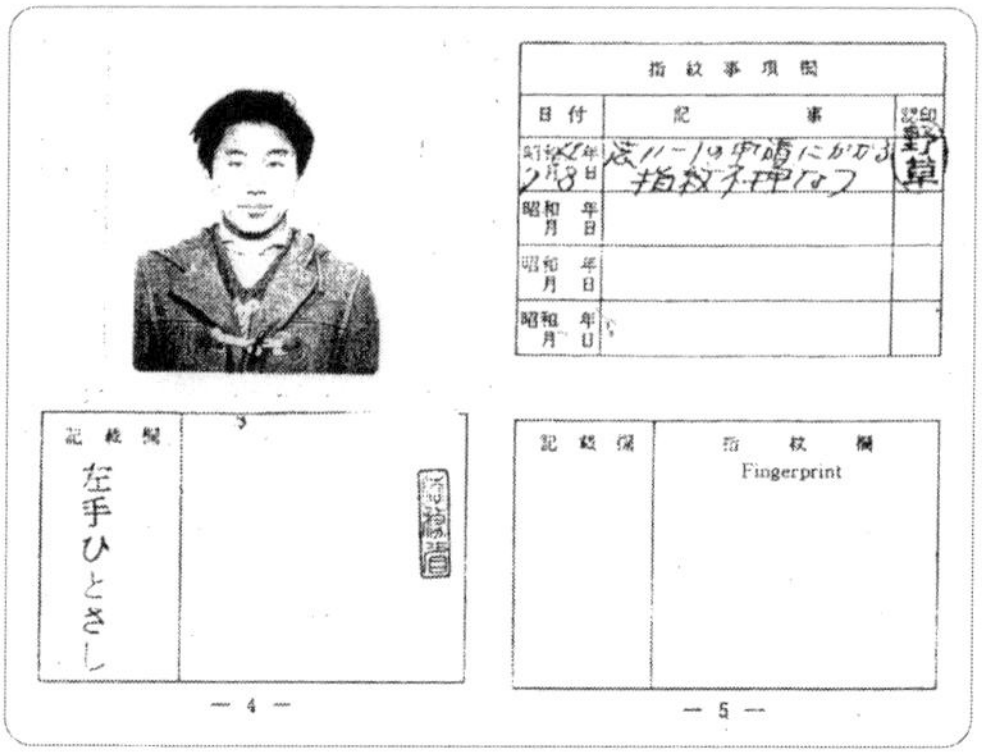

指紋押捺拒否を行った後の外国人登録証明書

に踏み切りました。この流れを受け、追い詰められた私は、外登証の切り替え日になった一九八六年七月八日、ついに尼崎市役所の市民課で指紋押捺を拒否することを決意しました。押捺拒否に迷いがなかったわけではありません。もし告発されて裁判になれば、二度目の逮捕もありうるわけで、何よりも自分の国に戻れなくなるのは、苦渋の決断でした。それでも、指紋押捺の苦悩からようやく解放されたという喜びはこのうえないものでした。尼崎市役所の市民課の窓口の職員から、押捺拒否にあたって「頑張ってください」と声をかけられたときは、涙が出そうでした。

外国人への指紋押捺制度の廃止と復活

その後、外国籍住民による指紋押捺拒否運動の高まりと指紋押捺制度の廃止を求める世論の高まりを受けて、私が拒否してから六年後の一九九二年、在日コリアンなどの特別永住者および一般永住者の指紋押捺義務が廃止され、二〇〇〇年には外登法による指紋押捺制度はついに全廃されることになりました。

ところが、米国での九・一一テロ事件を受けて、二〇〇七年からテロ対策を理由に入国審査時に特別永住者を除く外国人には再び指紋押捺が義務づけられることになりました。確かに、日本を訪れる外国人から指紋を採取すれば、日本国内でのテロ活動の防止に一定の効果を与えるかもしれません。しかし、外国人に対する人権侵害との批判をあびて、実に二〇年間の議論を経て廃止に追い込まれた指紋押捺制度が「テロ対策」を理由に簡単に復活してしまったのは残念に思います。日本人もテロを行う可能性があるのに、外国人のみを管理強化の対象にするのは、今後、外国人との「共生社会」を築くうえで大きな障害になると思います。外国人への押捺制度の改善が望まれるところです。

注

(1)『季刊三千里』編集部編「指紋押捺の闘い」『指紋制度を問う——歴史・実態・闘いの記録』神戸学生・青年センター出版部、一九八七年、一六二頁。

(2)『神戸新聞』一九八四年六月二七日。

第6章

入居差別の洗礼

ペットと外国人、お断り

一九八八年、ソウル・オリンピック開催の年、東京の立正大学に就職が決まり、いろいろと夢が広がりました。まずは東京で住居を見つけないといけないということで、大崎学舎と埼玉県の熊谷学舎の中間地点にある池袋の不動産屋を訪れました。三月のことです。事前に駅前でアパート・マンション情報誌を購入し、喫茶店で「どのマンションにしようかな」という思いを巡らしていましたが、駅の最寄りの不動産屋の入り口の扉を見て驚きました。

「ペットと外国人、お断り」

信じられない話ですが、大きな字でこう書かれた貼り紙が貼られていたのです。「ペット、お断り」とは、マンション内でペットは飼えないという意味でしょう。「外国人、お断り」とはどういう意味でしょうか。外国人にはマンションを紹介しないということでしょうか。そんなバカなこと、あるわけないじゃないかと思って、とにかく中に入ってみることにしました。

受付カウンターの前に座ると、愛想のよさそうな受付の女性は、大阪からやってきた田舎者の私をいたわるように、最初はやさしく応対してくれました。

「どのような物件をお探しでしょうか」

「池袋周辺のワンルームマンションを探しているんですが」

「池袋周辺でしたら、いい物件がたくさんありますが、ご予算は」

「家賃八万円ぐらいのワンルームマンションがあれば……」

「じゃあ、こんなマンションはどうでしょう」

と言って、彼女はファイルから資料を取り出すと、いくつかのマンションのパンフレットを見せ、一つ一つ丁寧に説明してくれました。気に入った物件があったので「このマンションに決めたい」と言うと、彼女はにっこりと、笑顔を返してくれたのです。

「わかりました。それでは、この書類に必要事項をお書きいただけますか」

書類を渡された私は、「名前」のコーナーに「朴一《パクイル》」と、「出身地」のコーナーに「韓国」と書きました。するとどうしたことでしょう。書類を見つめていた彼女の顔から笑みが消え、顔色がだんだん険しくなっていくではありませんか。彼女は私から書類を受け取ると、「少し、お待ちいただけますか」と言って、そのまま奥に引っ込んでしまいました。それから五分ぐらい待たされたでしょうか。奥から責任者らしき人物が現れて、私にこう言ったのです。

「朴さん、ごめんなさい。この物件、たった今、決まってしまいました」

「じゃ、このほかの物件、紹介してくれませんか」

「朴さん、残念ですが、あちらの方に紹介できるような物件は、うちでは扱っていないんですよ。ほかをあたってください」

「あちらの方」という差別的表現にカチンときた私はこのまま話していても埒《らち》があかないと思い、不動産屋を飛び出しました。「たまたまひどい不動産屋にあたったに違いない。他の不動産屋をあたればなんとかなる」と思ったからです。

ところが予想はみごとに裏切られました。次に訪れた不動産屋も、その次に向かった不動産屋も、私が韓国人というだけでまったく相手にしてくれなかったのです。結局一日五軒、四日間で二〇軒近く不動産屋をあたってみましたが、韓国人の私にマンショを紹介してくれる不動産屋は一軒もありませんでした。

知り合いの弁護士の紹介で、私が入居可能なマンションを見つけることができたのは、それから一か月あまり後のことでした。大学からもらった初任給は、滞在していたビジネスホテルの代金でほとんどが消えてしまいました。今だから言える苦い経験です。

今も続く入居差別

在日コリアンの友人から入居差別を受けたという話は聞いていましたが、自分が体験して、こんなにひどいものかと実感しました。しかし、日本人の方からすれば、それはごく少数の事例ではないのか、昔の話をしてもらっても困ると思うかもしれません。

実際は、どうなのでしょうか。データに基づいて、外国人に対する入居差別の実態をお話しさせてもらいたいのですが、今から二五年前の一九九八年、私が参加した兵庫県伊丹市の外国人市民を対象にしたアンケート調査[1]では、在日コリアンの三九・三%が「住宅入居に際して外国籍という理由で差別を受けた」と回答していました。他の外国人はどうでしょう。同調査では、中国人の四三・一%、日系ブラジル人やペルー人などの南米出身者の四四・四%がやはり「入居差別を受けた」と回答していました。このときの調査では、約四割の外国籍住民が入居差別を経験していたことがわかります。

最近の調査では、どうでしょうか。法務省が日本全体の外国籍住民を対象にして実施した『外国人住民調査報告書[2]』では、「外国人であることを理由に入居を断られたことがあるか」という質問に、三九%が「ある」、五二%が「ない」と回答しています。

この二つの調査結果を比較してみると、昔も今も入居差別を体験している外国人は約四割に達しており、外国人に対する入居差別が根強く続いていることがわかります。また回答者の中に、会社が提供した社宅に住んでいる人や親と同居している定住外国人も少なくないことを勘案すると、住宅入居における外国人の被差別体験者の割合は、さらに高いことが予想されます。

住宅入居における被差別体験の内容は人によって異なりますが、「日本人の保証人が必要と言われて、入居できなかった」「家主から日本国籍が必要と言われて、入居を断られた」「不動産業者に外国人を理由として斡旋してもらえなかった」「アパートの入り口に『外国人お断り』と書かれてあるのを見た」など、国籍が違うことを入居拒否の理由とするものが上位を占めています(3)。

日本人が外国人に家を貸したがらないのはなぜか

では、なぜ、日本の不動産屋や日本人の家主は、外国人に家やマンションを貸したくないのでしょうか。古い資料ですが、一九九三年、埼玉県の大宮北高校の生徒たちが大宮市内の不動産屋二五店舗を対象に聞き取り調査をした貴重な記録があります。この調査で、不動産屋に「外国人が住める物件があるか」聞いた結果、一店舗を除くすべての不動産屋が「外国人不可」と回答していたことがわかりました。この際、不動産屋が「外国人を不可」にした理由は以下のようなものです(4)。

①同じアパートに住む日本人、近所の人が嫌がる。
②一人の外国人に貸すと、次々とその外国人の友人が部屋に住むことになる。
③外国人に貸すと部屋を汚される。
④外国人は生活習慣が違う。
⑤外国人は言葉が通じない。

こうした理由を見ると、言語や生活習慣の違い、また外国人に対する漠然とした恐怖感が、外国人に家を貸さない根拠になっていることがわかります。

では、一般の日本人は、外国人に家やマンションを貸さない行為をどのようにとらえているのでしょうか。二〇〇一年、私が調査に参加した『大阪市における外国籍住民との共生社会実現のための意識調査』(5)では、二五〇〇人の日本人を対象に以下のような質問アンケートを実施したことがあります。

質問①「外国人が貸家を探していました。適当なマンションを見つけたので、申し込んだところ、外国人ということで、家主は貸すことを断りました。このような家主の態度について、あなたはどうお考えですか」

質問②「家を探していたEさんが、ある町で手頃な家を見つけたので買おうと思いました。ところが、その町には、外国人が非常に多く住んでいる地域があり、買おうとしている家は、その外国人が非常に多く住んでいる地域と同じ通学区域（校区）にあることがわかったので、子どものあるEさんは、家を買うのを見あわせました。このようなEさんの態度について、あなたはどうお考えですか」

質問①に対し、日本人回答者の四四％が「マンションを誰に貸すかは家主の自由。断っても差別といえない」と答え、「差別と思う」と答えた人は四四％にとどまりました。つまり、日本人のかなりの人が、不動産を誰に貸すかは個人の自由で、外国人という理由で貸さなくても、それは差別にあたらないと考えているようです。

質問②はどうでしょう。この質問でも、「子どものことを考えてやめたのだから、差別とはいえない」と答えた人（四八・三％）が「外国人と同じ学校に通わせたくないという態度は差別だ」（四〇・七％）を上回りました。このアンケート結果からも、半数近い日本人が外国人集住区の近くに住みたくないという感情を抱いていることがわかります。

おそらく、こうした日本人の意識の中に潜んでいる外国人に対する複雑な感情が、外国人に対する入居差別を背後で支えていると思われます。

外国人に対する入居差別のどこが問題か

外国人を市場から締め出しているのは、不動産業界だけではありません。外国人の締め出しは、違う業種でも起こっています。私の友人にデイヴィッド・アルドウィンクルさんという米国人がいます。彼は、天ぷらと温泉が大好きで、日本人女性と結婚したのを機に日本国籍を取得し、名前も「有道出人《アルドウデビト》」と変え、日本人の妻との間に二人の娘さんがいます。

二〇〇〇年一〇月、彼が家族で北海道小樽の温泉施設に行ったとき、有道さんと青い目の二女だけが温泉施設への入場を拒否されるというショッキングな事件が起こりました。有道さんも二女も、日本国籍をもつ立派な日本人ですが、入浴施設の責任者から「外見が外国人に見えるので、他の日本人客が嫌って、客が減るのは困る」と言われたそうです(6)。

温泉施設の対応に腹を立てた有道さんは、二〇〇一年二月、「肌の色による入浴拒否は人種差別だ」として、入浴拒否をした温泉施設を相手取って損害賠償を求める訴訟を札幌地裁に起こしました。もちろん、温泉施設の側にも言い分はあります。二〇〇〇年以降、小樽ではロシアとの貿易が活発化し、たくさんのロシア人が小樽を訪れ、温泉施設を利用する人も急増したようです。とはいえ、マナーの悪いロシア人利用者もおり、泡をつけたまま温泉に入る、シャンプーやリンスを持ち帰る、従業員の女性に抱きつくなど、ルールを守らないロシア人利用者が増えたことで、逆に日本人の利用者が減少し、廃業に追い込まれた温泉施設もあったようです。

こうしたトラブルが続出する中で、有道さんと裁判になった温泉施設も、苦渋の決断として「外国人お断り」「Japanese Only」の対応をするようになったと、温泉施設のオーナーは証言しています。

みなさんが、もしこの裁判の裁判員になったとしたら、有道さん、温泉施設のどちらの主張に軍配を上げるでしょうか。確かに、もし自分が温泉施設のオーナーだったら、廃業に追い込まれないように、自己防衛の手段としてトラブルメーカーの外国人には使わせないという経営判断をするかもしれません。しかし、よく考えてみれば、タオルを巻いたままでじゃぶんと温泉に入浴する人も、シャンプーやリンスを持ち帰る人も、従業員に抱きつく人も、日本人利用者の中にもいるかもしれません。

問題は、外国籍あるいは外国人に見えるという理由で、彼らがトラブルメーカーと断定され、温泉施設を利用させないという温泉施設の対応です。外国人の中にも、有道さんのように温泉好きで温泉入浴のルールを熟知した人もいれば、日本人の中にも、浴槽に入る前にかけ湯をしなかったり、湯船にタオルをつけたり、酒を飲んでから入浴するなど、温泉入浴のルールを守らない人もいます。この場合、ルールを守らない人は、国籍がどこであれ、温泉施設の利用を禁止するというのが道理にかなった対応ではないかと思います。

入居問題にも、同じことがいえるのではないでしょうか。先に不動産業者が外国人の入居を嫌がる理由をいくつか紹介しましたが、日本人の中に部屋を又貸しする人もいるでしょうし、部屋をゴミだらけにして、汚す人も少なくありません。なかには、よくマスコミで報道されているように、まともにコミュニケーションできず、近所の人とトラブルばかり起こしている人もいます。とにかくマンションの貸し手が嫌がることをする人は、外国人であれ、日本人であれ、マンションを貸したくないでしょう。重要なことは、入居にあたり、ルールを守らない人にどう対応するかであり、外国人という理由だけで、彼らを一律に排除するのは、行きすぎた行為、明らかに人種差別だと思います。

外国人への入居差別をどうすれば緩和できるのか

外国人もこうした人種差別に甘んじてきたわけではありません。一九八九年、国籍を理由に大阪府内のマンションへの入居を拒否された在日コリアン二世の裵健一《ペコニル》さんは、家主と仲介業者、さらに彼らを監督する立場にある大阪府を相手取って裁判を行いました。私が東京で入居差別を受けた後だったので、私も学生を連れて裁判を傍聴に行きました。初めて傍聴した裁判は、興味深いものでした。裁判長が被告人のマンションの所有者のAさんに「なぜ、裵さんにマンションを貸さなかったのですか」と尋問したとき、彼は驚くべきことに、こんな回答を準備していたのです。

「裁判長、私が裵さんにマンションを貸さなかった理由は三つあります。一つ、朝鮮人は家賃を滞納します。二つ、朝鮮人は夜、騒ぎます。三つ、朝鮮人は臭いが臭すぎます」

法廷で堂々とコリアンに対する蔑視的な発言を繰り返すマンションの所有者の態度に驚きましたが、裵さんの弁護士は、さらに上手でした。弁護士は、法廷内に裵さんとマンションの所有者Aさんの二人を向かい合わせ、Aさんにこう言いました。

弁護士「Aさん、もう少し、顔を裵さんに近づけて、裵さんの臭いをかいでくれますか」

Aさん「……」

弁護士「どうですか。裵さんは、そんなに臭いですか」

Aさん「臭いです」

二人の受け答えを聞いていた傍聴人の多くは失笑していましたが、裁判長の顔は引きつっていた記憶があります。

一九九三年、大阪地裁は国籍を理由にした賃貸住宅への入居拒否を「家主の不法行為」と認定し、家主に賠償金二六万円を支払うことを命じました。しかし、大阪府の指導責任については、法的な根拠がないという理由で退けられてしまいました。「自治体が宅建業法に基づいて規制できるのは経済的な側面に限られており、知事が差別問題を指導することはできない[7]」という理屈です。国籍を理由に入居拒否を受けた外国人が裁判を起こせば、家主も「不法行為」で処罰されることがわかったことは、この裁判の一つの成果だったと思いますが、自治体の長が「差別問題を指導できない」という判決に失望した外国人も多かったと思います。

この判決を含む日本の問題は、人種差別を規制する法律がないので、外国人への入居差別が黙認されてきたことです。一九九五年、日本政府が「人種差別撤廃条約（あらゆる形態の人種差別の撤廃に関する国際条約）」に加入し、同条約は九六年から日本を法的に拘束することになりました。人種差別のない社会を実現するために、同条約は「人種差別の禁止」と「人種差別の犠牲者の救済」を謳《うた》っていますが、実際に入居差別など、人種差別の犠牲者を救済する措置がとられているかというと、どうでしょう。外国人への入居差別は黙認され、入居差別を受けた外国人への救済も行われていません。

一方、自治体の中でも、「住宅基本条例」を制定し、「年齢、障害、国籍などを理由に民間賃貸住宅への入居の機会が制約されることがないように啓発に努める」（東京都）ことを定める動きが見られるようになりました。しかし、外国人に入居差別を行う業者や家主に対する処罰規定がないため、「住宅基本条例」も「人種差別撤廃条約」と同じように「上辺だけの啓発」にとどまっているのが実情です。

日本の自治体の中でも、先進的な取り組みを行っているところがあります。川崎市は二〇〇〇年から外国人市民代表者会議の提言を踏まえ、外国人に対する入居差別を禁じる「川崎市住宅基本条例」を制定しました。この条例では、外国籍で入居が必要な保証人が用意できない人のために、市が民間保証会社を紹介し、損失が出た場合は市が補填する

「入居保障制度」が盛り込まれています。二〇〇二年に大阪市内の外国籍住民を対象にしたアンケート調査でも、入居において外国籍住民が感じた不愉快な体験として、「日本人の保証人が必要と言われ、入居できなかった」という回答が一番多かったのですが、こうした川崎市の取り組みは、外国人に対する入居差別緩和に向けた具体的政策として評価できると思います。

国籍を理由にした入居差別を禁じる法律がない日本では、川崎市のように、国や自治体が積極的に外国人に対する入居差別問題に介入しない限り、大規模な外国人労働者の受け入れ政策は行き詰まるのではないでしょうか。日本政府も、外国人労働者の大幅な受け入れに踏み切るなら、まず彼らが安心して日本に住める居住空間を提供するために、国籍による入居差別を禁じる住宅基本法を制定すべき段階にきているのではないかと思います。

注

（1）『外国人市民アンケート調査報告書』伊丹市、一九九八年。
（2）『外国人住民調査報告書』公益財団法人人権教育啓発推進センター、二〇一六年。
（3）大阪市外国籍住民施策有識者会議『外国籍住民施策検討に係る生活意識調査報告書』大阪市、二〇〇二年。
（4）『統一日報』第五二八〇号、一九九三年。

(5) 大阪市外国籍住民施策有識者会議『大阪市における外国籍住民との共生社会実現のための意識調査』大阪市、二〇〇二年。
(6)『毎日新聞』二〇〇一年二月一一日。
(7)『朝日新聞』一九九三年六月一八日。

第7章

公立大学への移籍と国籍条項との闘い

大学の国際化を進める

私は、東京に生活拠点を見つけてから、岩田弘教授の期待を裏切らないよう、がむしゃらに働きました。夏休みは返上して学部紹介のパンフレットを作ったり、冬休みにはパンフレットを片手に予備校をめぐって大学をアピールし、春休みには学生の就職のための企業訪問も行いました。「高校の先生みたいなことをしなくても」と陰口をたたく教授もいましたが、冬の時代を迎える一〇年先のことを考えると、中堅私大の教員には必要な努力であると感じていたからです。

私が採用された大学の当時の偏差値は五〇ぐらいでした。なんとか偏差値を上げたいと思い、私はいろいろ策略を練りました。その一つに、受験者を増やすために、老朽化した大学ではなく、東京ドームで入試をやれないかという奇策がありました。教授会で提案すると、驚くべきことに誰からの反対もなく、あっさりと受け入れられました。

東京ドームに会場予約に行くと、同じようなことを考えている大学もあり、抽選になりました。なんとか抽選をクリアーしましたが、実際に東京ドームで入試を準備する作業はたいへんでした。試験前日にドーム内のグラウンドに職員とともに五〇〇〇近い椅子と机を並べ、当日を迎えましたが、席によって温度差があり、寒い席では体調を崩す受験生も出てきました。しかし、前代未聞のドーム入試は評判を呼び、マスコミでも大ニュースになり、受験生は大幅に増加、偏差値も五五ぐらいまで上昇し、学部長から金一封をもらいました。

しかし何よりも神経を使ったのは学生の指導でした。一部に韓国・朝鮮人に根強い偏見をもっている学生もいたからです。彼らの差別意識を払拭するためには、まず韓国のことを好きになってもらわねばなりません。そのためには勉強以外でも、彼らに韓国料理を食べさせたり、韓国のノレ（歌）を教えたりしながら、韓国・朝鮮に対する潜在アレルギーを徐々に取り除いていくことが必要でした。こうして月に一度、公民館で「韓国映画を知る会」を開いて、学生たちに韓国の文化を知ってもらうのも楽しい行事となりました。

また、ゼミでは外国人から見た天皇制社会、外国人労働者の人権、日本のＯＤＡ（政府開発援助）の在り方などに焦点を当て、日本の国際化についてさまざまな角度から本音で議論するように心がけました。おかげでゼミ合宿では、昭和天皇の戦争責任をめぐって生徒とたびたび口論になったこともありました。しかし毎年春休みに彼らをアジア各地（韓国、台湾、中国、香港、シンガポール）に引率し、アジアの大学生たちと交流を深めたことで、彼らの意識は確実に変わっていったように思います。私が赴任してから二年連続、学内のゼミ論大会で私のゼミが最優秀賞を取れたのも、私の思いが彼らに伝わったからだと思います。

外国人である私を大学に迎えたことで、学生たちだけでなく、大学も少しずつ変わっていきました。私の提案にしたがってハングル（韓国語）がカリキュラムに加えられたことや、同僚教授と一緒に、在日コリアンやアイヌ、さらに外国人労働者問題について考える人権講座がスタートしたことも、変化のあらわれだったと思います。このように立正大学は、外国人である私を日本人教員とまったく対等に扱ってくれた点で「内外人平等」を志向する大学であり、私のような若い教員が教授会で提案した意見が受け入れられるという点で、非常に民主的な大学であったと思います。

ただ、当時の立正大学にとって残念だったことは（多くの日本の大学に当てはまることですが）、日本人教員が多すぎることでした。二三〇名いる専任教員のうち外国人教員が私一人（一九八八年のデータ）というのは、ユニバーシティーとはほど遠い閉鎖的な学術空間だったと思います。そんなふうに考えてみると、私の働きいかんで、外国人を入れてよかったということにもなるし、その後の立正大学の留学生受け入れだけでなく、外国人教員を増やしていくという意味合いからも、私に課せられた期待と責任は重大であったと思います。にもかかわらず、私は学内の期待を裏切って、一九九〇年、大阪市立大学に移ることになりました。

大学移籍をめぐる葛藤

立正大学に赴任して二年目、一九八九年の冬、私は大阪市立大学から移籍の誘いを受けました。普通、偏差値があまり高くない私立大学から偏差値の高い国公立大学に移ることは大学教員にとってありがたい話ですが、移籍の条件は飛びつけるようなものではありませんでした。立正大学では論文審査を終えて翌年の春から助教授（現在の准教授）になることが決まっているのに、移籍先ではもう一度専任講師というランクで採用とのこと。つまり実質的な降格人事でした。

その昔、国公立の名門大学が私立大学から教員を引き抜くときに、こうした降格人事が普通に行われていたと聞いてはいましたが、本当に行われていることを知り、驚きました。さらに給料が大幅に下がることが予想されました。ボーナスや入試手当てを含めると、一般的に国公立大学は私立大学より年収は少ないといわれていますが、年収で数百万円の減収は覚悟しなければならないことがわかりました。

しかし、私にとって、最も深刻な問題は、立正大学時代のテニュア（定年までの終身在職権）がなくなるというショッキングな事実でした。私立大学では外国人教員であっても終身雇用で採用されていましたが、国公立大学になると「外国人教員任用法」に則って任期制を実施している大学がほとんどでした。私を誘ってくれた大阪市立大学も例外ではなく、三年任期の更新制でした。これは「再任される保障のない」不安定な雇用であることを一方で物語っていました。定年が早くなるどころではなく、三年で解雇される可能性もあるわけです。こんな不安定な身分でまともな研究ができるだろうか。そのとき、私に立正大学にとどまるように説得してくれた同僚教授の言葉が忘れられません。

H教授「君はバカじゃないか。よく考えてみろ。今の大学なら七〇歳まで悠々自適で研究できるんだぜ。そんなところへ行けば外国籍というだけでいつ解雇されるかわからない。君を引き抜いた先生がいなくなればクビになるかもしれないよ」

私「……」

H教授「もし仮に定年までいることができたとしても、そっちの定年は六三歳だろ。君があと三〇年勤めるにしても、移ってから年収で一〇〇万も差がついたら、三〇〇〇万以上も生涯賃金が違ってくるじゃないか。さらに定年が問題だよ。これからは大学が減るからもう再就職はほとんど不可能だな。そうすると君が移籍する公立大学の定年が六三歳に対し、立正大学は七〇歳定年だから、六四歳以降の平均年収を一〇〇〇万円としてもさらに七〇〇〇万円の損失だな。君は向こうに移ることによって合計一億円をドブに捨てることになるんだよ。経済学者ならよく考えたほうがいいな」

私「……」

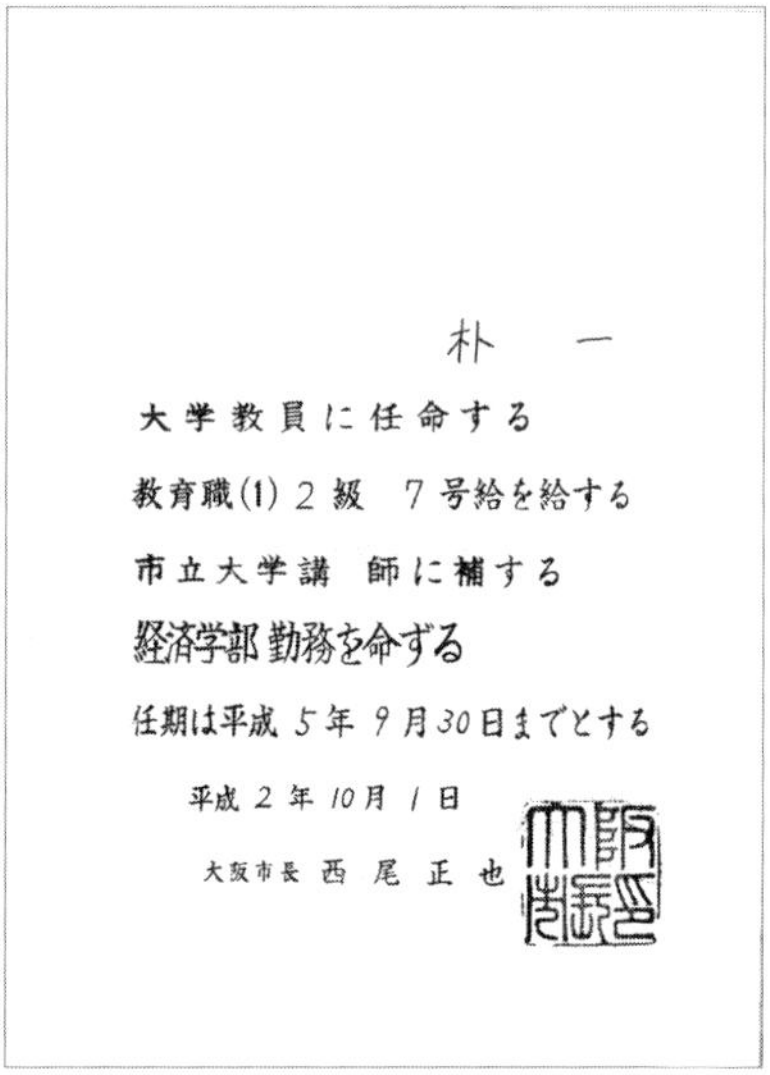
朴 一

大学教員に任命する

教育職(1) 2級 7号給を給する

市立大学講師に補する

経済学部勤務を命ずる

任期は平成5年9月30日までとする

平成2年10月1日

大阪市長 西尾正也

1990年10月、大阪市長から渡された大阪市立大学の任命証には3年間の任期が明記されていた

しかし、私は、悩んだ末に、居心地のよい立正大学を去り、条件の厳しい大阪市立大学に行くことを選びました。外国人教員の任期制度という閉鎖的システムに日本のアカデミズムの危機を感じたからです。任期制の不条理を告発するためには、まずその現場にいなければなりません。危機を打開するには内部改革するしかないと思ったわけです。

公立大学での任期制との闘い

一九九〇年一〇月から私は大阪市立大学に正式に移籍し、学部で「アジア経済論」、教養部で「民族問題論」（その後、講義名を「エスニック・スタディ」に変更）を担当することになりました。在日コリアンの人権問題をテーマとした「民族問題論」は瞬く間に総合教育科目の人気講義になりました。三〇〇名の定員に対し、受講者は毎年六〇〇名を超え、教室はいつも通路に学生があふれ、二階の大教室の授業を見るために、木に登って受講する学生も出るほどでした。

外国人三年任期という制度が絶えずプレッシャーになり、大学をクビにならないように、論文を書きまくり、学会報告も積極的に行いました。大阪市立大学に移籍した一九九〇年一〇月から任期更新の期限である一九九三年九月の三年間に、私は専門のアジア経済（韓国経済）に関する論文を計六本書いて、大学の紀要や専門誌に発表しました。そして一九九二年一〇月、その一部を一冊の本（『韓国ＮＩＥＳ化の苦悩――経済開発と民主化のジレンマ』同文舘出版）にまとめて出版しました。

この本は出版が一九九二年末に実施された韓国の大統領選挙の直前であったためか、関西の紀伊國屋書店ではベストセラーコーナーに置かれ、専門書のわりにはよく売れました。発売からすぐに増刷を重ね、実売数は一万部を超えたと思います。この本を読んでくれた東京大学の藤原帰一教授の推薦で、一九九二年一二月の韓国大統領選挙の日は、ＮＨＫテレビ（ＢＳ放送）で選挙の実況解説をするチャンスにも恵まれました。

本が売れ、メディアにも出て、韓国の専門家として少しずつ世の中で認められるようになり、もっと頑張らねばという気になりましたが、研究者として不安定な身分のことを考えると気分は憂うつでした。そして助教授に昇進した頃から、なんとかして任期制を撤廃し、安定した身分で研究できないか、そればかりを考えるようになりました。

大阪市立大学に私を引き抜いてくれた教授に相談してみましたが、彼は「時期尚早」と言うだけで、積極的に動いてくれませんでした。その後、いろいろ調べてみると、私が大阪市立大学に移籍した一九九二年当時、教授、助教授、講師、助手を含む国立大学に在籍していた外国人研究者四八六名の大部分が三年任期制の採用者でしたが、公立大学在籍外国人研究者計三八名のうち、三一％が無任期で採用されていることがわかりました。[1]国公立大学でも、大学によって外国人研究者に任期をつけて採用しているところもあれば、任期をつけずに採用しているところもあることを知り、少し光が見えてきました。なかでも日本で初めて任期なしの外国人教員を採用した九州大学の『外国人教員の任期に関する規定』には「①外国人教員の任期は、三年とする。②外国人教員は、再任されることができる。③特段の理由がある場合には、……評議会の議に基づき、学長が個別に任期を定め、又は定めないものとする」[2]と書かれてあることを知り、評議会や教授会の判断で、国公立大学における外国人教員の任期は取っ払うこともできることがわかりました。

問題は、どのようにして大阪市立大学の評議会や教授会を動かして、私の任期を撤廃させるかということですが、簡単に評議会や教授会を動かせるわけではありません。そこで私は教授会を動かす対策を練ることにしました。一九九三年一月、ある在日韓国人教授が主催していた在日外国人の人権問題に関する勉強会に参加し、そこで『朝日新聞』の論説委員をしていた大阪の政井孝道記者と知り合い、外国人教授が置かれた窮状を訴えたのです。私の話を聞いた政井記者は、『朝日新聞』の紙面で記事にできないか考えてみますと言ってくれました。

それから一か月後の一九九三年二月、『朝日新聞』の夕刊一面に「大学の国際化」というタイトルで、以下のような論説が掲載されました(3)。

在日韓国人二世の朴一（ぱく・いる）さん(36)は、東京の私立大学で経済学の基礎ゼミを担当したとき、応募学生は一人だけだった。他の日本人教員は二十人を超えていた。学生への説明会を開いてもらい、熱弁をふるったら五十人以上になった。

大阪の公立大学に移り、担当した民族問題講義の初年度の受講者は約六十人。日本人教員による他の講義は五百人を上回っていた。二年目、学生向けの講義概要に自分の名前を「PARK IL」と書いた。説明文も英文にした。今度は応募学生が六百人を超えた。

授業のあと、アンケート用紙に「アメリカ人と思ってきたのに裏切られた」と書いた学生がいた。

「偏見と闘うためにも授業には全力投球する」と朴さん。二階の教室にも入りきれず、木に登ってメモをとる学生がいたりして発奮することもある。「学生は、こちらががんばればわかってくれる。そう思えるようになった」という。ところが、教授会など大学人になるとそうはいかないらしい。

十一年前に国公立大学の「外国人教員任用法」が制定され、外国人教授の道が開かれた。採用の任期も各大学の自主的判断に委ねられた。日本人の教員には一般に任期の規定はないが、外国人について「任期なしの採用」の実績があるのは東大などの一部の大学だけだ。

朴さんが勤めていた私立大学は終身雇用だったが、いま助教授として勤める公立大学は他の多くの国公立と同様、三年の任期がついている。

朴さんが民族に目覚めたのは、十数年前にこの大学で始まった民族問題論の講義を聴講したのがきっかけだった。自分を変えてくれた大学が、いま古い殻に安住していることが悔しい、という。世界に目をむける学生が増え、視野の広い優秀な外国人教員を待っているのではないか。大学の国際化とはなにか。まず学ぶ必要があるのは、日本の大学のようだ。

この記事の効果はてきめんでした。夕刊とはいえ、『朝日新聞』の一面にでかでかと掲載されたこの記事は大きな反響を呼び、大学は対外的なイメージもあり、外国籍の私だけに任期を付けておくのは得策ではないと考えたのでしょう。記事掲載から五か月後の一九九三年七月二六日、大学は評議会を開き、私の任期を撤廃、日本人教員と同じく任期を定めずに再任することを決定しました。大阪市立大学には、私のほかにも多くの外国人教員がいましたが、任期撤廃は私が初めてのケースでした。まさに大阪市立大学の国籍条項に小さな穴が開いた瞬間でした。

文公輝さんの挑戦

私が大阪市立大学の任期制の撤廃に向けて闘っていた頃、大阪市の職員採用試験をめぐる国籍条項の撤廃運動を続けていた在日韓国人学生がいました。当時、大阪市立大学商学部に在籍していた文公輝《ムンゴンフィ》さんです。文さんは、私が大阪市立大学に移籍した一九九〇年六月に韓国籍のまま大阪市の職員採用試験の一般職に願書を出そうとして断られたことを契機に、公務員の職員採用試験を「日本国籍を有する者」に限定していた大阪市に国籍条項の撤廃を求める運動を始めました。

当時、大阪府内でも八尾市をはじめ職員採用試験一般職の国籍条項を廃止している市町村はいくつかありました。私が文さんに「国籍条項を撤廃している自治体を受験したらどうか」とアドバイスすると、文さんはこう言いました。

「在日コリアンが集住している大阪市こそ職員採用試験の国籍条項を撤廃し、在日コリアンの意見も市政に反映させるべきだと思います。僕は大阪市を受験できるまで頑張ります」

改めて、彼の決意は半端ではないと思いました。

そもそもなぜ外国籍住民は地方公務員になれないのでしょうか。調べてみると、国家公務員法や地方自治法には、「外国籍を有する者は公務員になれない」という規定は存在しません。ただ一九五三年三月、当時の内閣法制局は「公務員に関する当然の法理として、公権力の行使、または国家意思の形成への参画にたずさわる公務員になるには、日本国籍を必要とするものと解すべきである」[4]という見解を示し、地方自治体にも外国人の採用には、慎重な対応をとることを指導した歴史的経緯があります。こうした内閣法制局見解の背景には、「他国の主権に置かれている外国人が、日本の公権力を行使したり、公の意思形成に参画するのは不適切」という考え方があると思います。この解釈が地方自治体の外国人採用にも縛りをかけてきたわけです。

外国籍でも公務員として働ける？

とはいえ、国家公務員や地方公務員職種のすべての分野で外国人が排除されてきたわけではありません。例えば、国立病院や市民病院などの国公立病院では、戦後から在日コリアン、台湾人の医師が採用され、日本の医療に貢献してきた実績があります。同じく医療関連では、一九八六年には、当時の内閣法制局、自治省（現、総務省）、厚生省（現、厚生労働省）が統一見解として「看護婦、保健婦、助産婦は専門的、技術的な職種であって、公権力の行使、公の意思形成に参画するものではない」(5)という通達を出し、自治体における保健師、助産師、看護師の採用については国籍条項を撤廃しました。

また教職の現場でも、一九七九年に三重県で在日コリアンが公立学校の教諭に採用されたのを皮切りに、愛知、滋賀、兵庫など関西各地で、公立学校の教員採用における国籍条項撤廃運動が活発化するようになりました。こうした運動の結果、一九八一年、兵庫県と滋賀県が教員選考要項における国籍条項を撤廃することを決定。その後、多くの在日コリアンが教員採用試験に合格し、日本の公立学校（小学校、中学校、高校など）で教鞭をとってきました。

しかし一九八二年九月、文部省（現、文部科学省）は大学に対しては、先に述べたように「国立または公立の大学における外国人教員の任用等に関する特別措置法（外国人教員任用特別法）」を公布する一方、「国公立の小・中・高校の教員等には、外国人の任用は認められない」という通達を都道府県の教育委員会宛に出したことがあります。(6)

文部省のこうした方針転換を受け、一九八四年、長野県の教諭に採用が決まっていた在日韓国人の梁弘子《ヤンホンジャ》さんの教員採用が取り消されるというショッキングな事件が起きたことがあります。この事件が起きたとき、全国の市民団体から長野県の教育委員会に抗議電話が殺到し、信州大学の教員や梁さんを支援する会が抗議集会を開催するなど、世論の批判が高まる中で、長野県の教育委員会は文部省の圧力と世論の板挟みとなり、最終的に梁さんを「教諭」ではなく、「常勤講師」として採用するという折衷案を示しました。その後、日本の公立学校における小・中・高の外国籍教員は、多くの公立学校で「教諭」ではなく、「期限を付さない常勤講師」という形で採用されていますが、この前例をつくったのが当時の長野県の教育委員会の措置であったと思います[7]。

こうした歴史的経緯を見ると、地方公務員の職種の中でも、医師、看護師、教員など専門的、技術的な職種で公権力の行使に該当しない分野については国籍条件が撤廃され、外国人でも働ける職種は広がったことがわかります。

地方自治体の職員採用試験における国籍条項撤廃運動の広がり

しかし、文公輝さんが受験した大阪市の一般事務職は、専門職でも技術職でもなく、また徴税業務など「公権力の行使に該当する業務」も存在するという理由で、大阪市は文さんの受験を認めなかったのかもしれません。大阪市を除く、他の自治体はどうだったのでしょうか。

一九七三年、当時の自治省が改めて「将来、当然の法理に抵触する職員の採用試験に外国人の受験を認めることは適当ではない」という見解を各自治体に示したことがありますが、それに抵抗するかのように、その後も私の地元の兵庫県だけを見ても、尼崎、西宮、川西、伊丹、宝塚、芦屋の各自治体は一般職を含む職員採用試験の国籍条項を撤廃することを決断しました。その後も自治体の国籍条項撤廃運動は広がり、一九八〇年までに、姫路、加古川、加西、高砂、西脇、滝野町（現、加東市）、相生、三田、洲本などの各自治体でも職員採用試験における国籍条項撤廃の動きは広がっていきました。

しかし、人口が多く、国の影響を受ける可能性の高い大阪市などの政令指定都市では、なかなか一般職受験の国籍条項は撤廃されませんでした。文さんの運動は、そうした政令指定都市の職員採用試験一般職の国籍条項の壁に穴をあけようという、果敢な取り組みだったと思います。

普通の学生なら、願書を受け取ってもらえなければ、それで諦めるところですが、文さんは諦めませんでした。翌日から「大阪で生まれた在日コリアンで、大阪で育ちました。私を育ててくれた大阪のために公務員として働かせてください」という内容のビラを、大阪市役所の前でまき始めたのです。

文さんのたった一人の反乱はその後、周囲の人々を動かし、市民運動化してくようになりました。一九九〇年八月には、大阪民闘連（民族差別と闘う連絡会議）の呼びかけで、自治労や解放同盟などを中心に文さんを支援する会が結成され、大阪市との交渉も始まりました。

一九九一年一月、文さんを支援するために結成された「公務員採用の国籍条項撤廃を求める大阪連絡会議」は、職員採用試験における国籍条項の撤廃を求める署名八万一六〇六名分を大阪市に提出し、「公の意思形成への参画について、ほとんどの職種は該当しない」「一一万人の在日韓国・朝鮮人が住んでいる大阪市が解決にあたるべき」と市に迫りました。これに対し、市は「市の国籍要件に係る調査研究会で検討を進めている」と回答するにとどまりました(8)。結局、一九九一年も文さんは願書を受け付けてもらえませんでしたが、彼は諦めませんでした。なんと大阪市の三度目の受験を決意したのです。

大阪市長の決断

三年目に入ると、文さんの国籍条項撤廃運動はマスコミでも大きく取り上げられるようになり、韓国の新聞やテレビでも、特集記事や特集番組が組まれるほどでした。文さんのところには、「公務員になりたかったら、韓国に帰れ」という心無い脅迫状もたくさん届くようになりましたが、その一方、マスコミの報道は一部を除いて、文さんの主張しているように、「日本のグローバル化にともなって、地方自治体も門戸を開放すべき段階では」という論調で占められるようになりました。こうした流れの中で、文さんを支持する世論が形成されるようになり、当時の磯村大阪市長も世論の動向を無視することができなくなっていったように思います。

一九九二年四月、礒村市長から「文くんが受験できる秘策を今、練っている。ただし、文くんを支援する一部のグループがあまり過激な活動をすると、市議会保守派の同意が得られないので、しばらくおとなしくするように言ってくれないか」という連絡がありました。

それから二か月後の六月、大阪市採用試験の国籍条項を撤廃する世論が高まる一方で、自治省は依然として地方自治体における公務員採用に消極的な見解を示し、こうした国の動向に配慮してか、市議会も公務員の一般職の国籍条項は撤廃できないという姿勢を続ける中で、礒村市長は一般事務職の中に企業の経営企画を立案する「経営情報」と市の国際交流を担う「国際」という二つの専門職を新設し、この職種については国籍条項を適用しないと発表しました。この大阪市の措置は、市議会の批判をかわしながら、世論をくみ上げた苦肉の折衷案であったと思われますが、たった一人の在日コリアンの青年が、三年間をかけて大阪市の国籍条項に風穴をあけた瞬間でした。

こうして三年越しに文さんは大阪市の一般職を受験できるようになりましたが、この時点では一般職すべての国籍条項が撤廃されたわけではなく、一般職に「国際」と「経営情報」という外国籍者も受験できる専門職が新設されただけでした。

その後、文さんの後を継ぎ、やはり在日コリアンで大阪市立大学の大学生であった金《キム》将恵《チャンへ》さんが、大阪市の一般職のすべての職種で外国人も受験できるようにしてほしいと、ねばり強い運動を続けました。こうした大阪市における国籍条項撤廃運動は、やがて政令指定都市の公務員採用の国籍条項撤廃を求める全国的な運動に発展していき、ついに一九九六年、川崎市が政令指定都市で初めて一般事務職の国籍条項を撤廃するという英断を下すことになりました。そしてこの流れを受け、一九九七年から大阪市や神戸市などの政令指定都市でも、一般事務職の国籍条項が撤廃されていくことになっていったのです。一九九六年は、国の規制を受けながらも、地方自治体がグローバル化に動き出した転換点になったと思います。

注

(1) 徐龍達先生還暦記念委員会編『アジア市民と韓朝鮮人』日本評論社、一九九三年、四九六～五〇一頁。
(2) 同上書、四九五頁。
(3)『朝日新聞』一九九三年二月二二日夕刊。
(4) 法制局一発二九号内閣法制局第一部長回答(中井清美『定住外国人と公務就任権――七〇万人を締め出す論理』柘植書房、一九八九年、二九～三〇頁)。
(5) 中井、同上書、一三二頁。

(6) 同上書、一〇八頁。
(7) 一九九一年一月の「日韓法的地位協定に基づく協議の結果に関する覚書」によって、正式に教員採用試験から国籍条項は撤廃されたものの、「日本国籍を有しない者」が公立学校で就任できる職種は、「教諭に準ずる職務」である「期限を付さない常勤講師」に限定された。
(8) 『解放共闘』一九九一年二月一五日。

第8章

母国留学

SKY

一九九七年四月、私は大学からの海外研修という形で、母国韓国に長期留学する機会をもらいました。大阪市立大学に赴任して七年目にようやく海外研修のチャンスが巡ってきたわけです。在外研究は希望者が多く、なかなかチャンスが巡ってこないだけに、喜びもひとしおでした。大学からの留学手当て二五〇万円に加えて、幸運にも韓国の韓日文化交流基金から研究支援金一〇〇〇万ウォン（約一五〇万円）[1]をいただけることになり、私は知り合いの先生がいた高麗大学を留学先に決めました。

韓国には四〇〇を超える大学がありますが、ソウル大学、高麗大学、延世大学は、頭文字をとってSKYと呼ばれ、研究レベルにおいても、歴史、規模、設備、偏差値など、あらゆる面で韓国を代表するトップ3の大学です。SKYに入学すれば、卒業後、韓国で高

高麗大学留学中の私（1997年）

い社会的地位が約束されるといわれ、[2]受験生に圧倒的な人気があります。ソウル大学は日本でいえば東大、高麗大学は早稲田、延世大学は慶応のようなイメージだとよくたとえられますが、研究環境は韓国の大学のほうが日本の大学よりはるかに恵まれていると思います。

　私が留学先に選んだ高麗大学は、一九〇五年に創立された歴史ある大学で、学部も法学部（法科大学）、経営学部（経営大学）、政経学部（政経大学）、経商学部（経商大学）、グローバルビジネス学部（グローバルビジネス大学）、公共行政学部（公共行政大学）、文学部（文化大学）、人文学部（人文大学）、情報通信学部（情報通信大学）、造形学部（造形大学）、国際学部（国際大学）、心理学部（心理大学）、メディア学部（言論大学）、生命科学部（生命科学大学）、理学部（理科大学）、工学部（工科大学）、薬学部（薬科大学）、医学部（医科大学）、保健科学部（保健科学大学）、看護学部（看護大学）、科学技術学部（科学技術大学）、教育学部（師範大学）、保安学部（保安大学）、文化スポーツ学部（文化スポーツ大学）、スマート都市学部（スマート都市大学）など、二五の学部（二五大学）と系列の大学院、研究所、博物館を有する総合大学です。日本の大学でも学部増設が進んでいますが、これだけ多くの学部と研究機関をもつ大学はなかなかないと思います。[3]

高麗大学内にはアジアの地域研究者を集めた亜細亜問題研究所があり、地域研究（エリア・スタディ）のフィールドから韓国や日韓関係を研究していた私には、最適な研究機関でした。当時、高麗大学の亜細亜問題研究所には、四階に専用の図書室があり、日本植民地時代に発行された日本語新聞『京城日報』[4]などのバックナンバーがそろっており、力道山[5]などの植民地出身の力士について調べていた私には、資料の宝庫でした。

ゲストハウスに国籍条項

自分の国に留学し、言葉や文化を身につけたいというのが学生時代からの夢でした。しかし、すでに述べたように、一九七〇年代韓国が独裁政権の時代に多くの在日韓国人留学生が「北（北朝鮮）のスパイ」という容疑で逮捕され、八〇年代・九〇年代に入ってからも拘留され続けたこともあり、学生時代に韓国の民主化運動を支援する活動を続けてきた私にとって、母国留学は長年かなわぬ夢でした。

四一歳になってようやく母国留学の夢をかなえることができましたが、かなり歳をとってからの留学だったので、苦労しました。まず三月末にソウルに行き、留学先の大学の先生から紹介された外国人教員専用のゲストハウスに入る手続きをしようとしたら、「ここは、外国人教授の宿舎で、あなたは日本の大学から派遣されたとはいえ、韓国籍だからダメだ」と断られてしまいました。

よく考えてみると、韓国籍を有する在日韓国人が外国人教員のためのゲストハウスに入れないのは当たり前かもしれません。とはいえ、日本でも韓国籍のために入居差別を受けたあげく、母国でも国籍で入居拒否を受けると思いませんでした。日本の同じ大学から高麗大学に在外研究に来ていた日本人教員から「高麗大学のゲストハウスはとても快適だ」と言われ、日本人研究者がうらやましく思う反面、在日という特殊な立場を理解しない韓国の大学の対応にも腹が立ちました。

ハスク（下宿）での生活

しかたなく、不動産屋をあたって、高麗大学のすぐそばにあった学生向けのハスク（下宿）に入居することにしました。一日三食付きで五〇万ウォン（約七万円）と少し高めでしたが、三食付きなので、食費を考えると高くないと思い、ワンルームのハスクで我慢することにしました。しかし三食付きという甘い話には落とし穴もありました。

日本にいた頃から韓国料理が大好きで、大阪の生野にあるコリアタウンの韓国食堂にけっこう通っていたので、下宿のアジュマ（おばさん）が作る食事が楽しみだったのですが、下宿初日の朝食はチゲとパンチャン（キムチなどのおかず）とごはん、昼食もチゲとパンチャンとごはん、夕食もチゲとパンチャンとごはん、翌日も朝・昼・晩とチゲとパンチャンとごはんの繰り返しで、一週間もしないうちに、食欲がなくなってしまいました。

日本の下宿屋なら、朝はトーストとコーヒー、昼はカレー、夜はサバの煮つけなど、メニューを変えていくと思うのですが、私の下宿の食堂では朝・昼・晩とメイン料理はチゲで、パンチャンもキムチと卵焼きなど毎日同じものばかり。チゲが好きだった私も、さすがに喉を通らなくなってしまったのです。ところが、同じ下宿にいた韓国の大学生は、文句も言わず、毎日おいしそうにチゲとパンチャンを食べていました。あとでわかったことですが、韓国人は好物なら毎日同じメニューを食べる人も多く、私が客員教授として赴任した高麗大学の受け入れ教授も、毎日お昼になると近くの中華料理店から出前をとり、年がら年中ジャージャー麺を食べていました。もちろん個人差はありますが、日本人のほうが食生活はバラエティーに富んでいると思います。

ソウル市内には、ラーメン屋、すし屋、トンカツ屋など、たくさんの日本料理店があったのですが、母国留学を通じて本当の韓国人になりたかった私は、日本料理を食べたいという欲望を抑え、あえてハスクの食堂で出されるものしか食べないようにしていました。こうした禁欲生活がたたり、食欲のなくなった私は一か月で一〇キロ近く痩せてしまいました。

そんなとき、私の体調を案じたハスクのアジュモニ（「アジュマ」のくだけた表現）が「新《シン》村《チョン》においしい日本料理店ができたので、行ってみないか」と誘ってくれたのです。アジュモニは自分の作る韓国料理が合わないと思ったのでしょう。私に日本料理をご馳走して、元気を出してもらおうという親切心だったと思います。ところが、アジュモニが連れていってくれた日本料理店は、驚いたことに牛丼の吉野家でした。日本ではめったに行かない吉野家でしたが、アジュモニがご馳走してくれた牛丼の味は格別でした。このとき、改めて自分が日本の食生活になじんでいたことがわかりました。日本の食生活に慣れ親しんだ私が、突然チゲを毎日食べて暮らせと言われても、身体が受けつけないわけです。まず食生活から韓国人になりたいという私の野望はみごとに打ち砕かれてしまいました。

ウリマル（母国語）との格闘

母国留学の目的の一つは母国語の習得でした。韓国の多くの大学には、外国人向けに韓国語を学べる語学堂《オハクタン》が設置されています。私は留学先の高麗大学に設置されていた語学堂で韓国語を学ぶことにしました。日本で民族教育を受けた経験のない私は、独学で韓国語を学んできましたが、いつかちゃんとした教育機関でウリマル（母国語）を学んでみたいと思っていました。

語学堂で韓国語の能力試験を受け、それぞれの能力に応じたクラスに配属されることになっており、私は試験の結果、難度のやや高い四級で学ぶことになりました。日本の英検などの外国語試験では、難度の高い順に一級、準一級、二級、三級、四級というふうにレベル分けがされていますが、韓国の語学堂では、上から六級（新聞、小説、学術論文など高度な韓国語を理解できる）、五級（韓国人と同じレベルの読み書き会話ができる）、四級（かなり高度な韓国語の読み書き会話ができる）、三級（ある程度の読み書き会話の能力を身につける）、二級（初級程度の読み書き会話の能力を身につける）、一級（韓国語の基本を学ぶ）にクラスが分かれており、日本の英検とは能力表記が反対です。

授業は、朝九時から午後一時まで五〇分講義が四つあり、韓国語の文法、リーディング、聞き取り、会話、そのすべての科目を韓国人の教員が高麗大学作成のオリジナルテキストに基づいて、韓国語で教えるというものでした。日本の語学学校（高校や大学含む）で展開されているハングル・レッスンとの大きな違いは、授業で日本語がいっさい使われないことです。受講生が世界中から集まってくるので、当然といえば当然ですが、韓国語で韓国語を学ぶことの重要性を、このとき初めて知りました。日本の外国語教育がうまく機能しない理由の一つは、外国語を日本語で教えているからかもしれません。最初は戸惑いましたが、講義が進むにつれ、やはり日本語を媒介にして韓国語を学ぶよりも、韓国語を韓国語で学ぶほうがストレートに頭に入ってくることがわかるようになってきました。

しかし、中途半端な韓国語の知識しかない私に、いきなり四級（高度な韓国語の習得）はきつすぎました。聞いたこともない単語やフレーズがあまりにもたくさんテキストに出てくるので、たちまち予習・復習で行き詰まってしまいました。思い切って担任と相談し、一か月後にクラスを二級に変えてもらい、韓国語をもう一度基礎から学び直すことにしました。

ある程度の韓国語の知識はあったので、二級なら楽勝と思いきや、テキストにはまだまだ知らない単語やフレーズがあり、改めて韓国語の奥の深さがわかりました。NHKのハングル・レッスンや日本で発行されている韓国語教材で勉強してきた私には、韓国語の語彙や表現力がぜんぜん足らなかったわけです。

語学堂のクラスの受講生の多くは日本人女性で、いろいろな事情を抱えた人が集まっていました。韓国で日本料理店を出店するためにやってきた人。俳優のハン・ソッキュ(6)が好きで、どうしても韓国に来たかった人。日本で出会った韓国人男性に会うためにやってきた人。本格的な韓医学を学びたいという理由でこの地を訪れた人。その多くは、みな韓国が大好きな日本人でした。

クラスには、こんな人もいました。三級のクラスで学んでいたとき、学生はほとんど女性で、男性はハンガリー人と日本人と在日韓国人の私の三人だったので、三人でよくランチに行きました。三人で大学の近くにある食堂で参鶏湯《サムゲタン》を食べていたとき、突然、日本人の男性から「自分は統一教会の会員で、今週の日曜日に合同結婚式をやるので、友人として参加してくれませんか」と言われ、驚いたことがあります。それから、彼とは距離をとることになりましたが、その後、統一教会に所属する日本人が語学堂には少なくないこともわかってきました。

彼らは親がたまたま統一教会の信者で、幼い頃からの洗脳に近い形で教祖である文鮮明《ムンソンミョン》(7)の教えを受けてきた犠牲者かもしれませんが、教祖の指導の下で見知らぬ人と結婚する合同結婚はどうしても理解できませんでした。

高麗大学語学堂のクラスメートと韓国語劇に挑戦したときの集合写真。前列中央が私（1997年12月）

昼休みに、ランチをしながら、クラスメートたちの話を聞くと、韓国語を学びたい理由は、人それぞれですが、みんな自分で留学資金をためて語学堂に来ているので、授業に臨む姿勢は真剣そのものでした。

私も、月曜から金曜まで午前中に語学堂で韓国語のレッスンを受け、昼から高麗大学の亜細亜問題研究所の資料室で韓国語の文献を読み、大学院生と議論し、夜は下宿で語学堂から出された宿題をし、テレビで韓国の番組を視たり、ラジオを聴いているうちに、少しずつ韓国語がわかるようになっていきました。

語学堂のレッスンが二級・三級と進み、かなり日常会話ができるようになると、授業のない週末に地下鉄とタクシーを利用して、ソウル市内とソウル近郊を旅して回りました。日本のタクシーに比べ、韓国のタクシーは料金が安く（当時の基本料金は一〇〇〇ウォン、日本円で約一〇〇円）、長距離でも、交渉すればかなり安く利用できました。私が交通手段としてタクシーを頻繁に利用したのは、タクシー運転手とハングル・レッスンをするためでした。運転手は話好きの人が多く、韓国の政治と経済、日本との関係など、重いトピックでも彼らは雄弁でした。語学堂で新しい韓国語のフレーズを学ぶと、タクシーに乗って、そのフレーズを使って話をしてみると、運転手から「その韓国語の使い方はおかしい」と言われ、別の表現を使ってみるというように、タクシーの運転手は私にとって生きた韓国語の先生だったわけです。

しかし、韓国語は勉強すればするほど、奥が深いものです。ある程度、韓国語に自信がもてるようになり、いつものようにタクシーを利用し、運転手といろいろ話をしていたら、運転手から突然、こんなことを言われました。

「お客さん、日本人なのに、韓国語うまいね」

私が運転手に「私が日本人に見えますか。これでも韓国人なんです」と言うと、彼はこう言い返しました。

「韓国人にしては韓国語がへたやね」

運転手は髪型やかけている眼鏡から私を日本人と判断し、日本人のわりに韓国語がうまいと感じたのでしょう。しかし、私が韓国人とわかると、「韓国人にしては、韓国語がちゃんとしゃべれていない」と悪気なく言ったのだと思います。しかし、この運転手の一言は、本当の韓国人になりたいと頑張っていた私には刺のある言葉でした。今思うと、私の韓国語は歳をとってから身につけた日本式韓国語であり、韓国語のオギャン（イントネーション）の響きがなかったと思います。私がもう少し若いときに、長期留学していたら、韓国語のオギャンを身につけることができたかもしれません。当時、ラジオから流れるKBS放送の女子アナウンサーの美しい韓国語を聴くたびに、自分の韓国語が恥ずかしくなりましたが、それもまた母国の壁に突き当たった在日コリアン三世の葛藤だったのかもしれません。

政学癒着？

韓国の大学に留学したとき、一つ感じたのは、良かれ悪しかれ、大学と政界、大学と財界との関係が日本以上に深いことです。韓国では、日本以上に大学が財閥から寄付を集め、企業名のついた建物がたくさん建っています。高麗大学でも企業のトップに上り詰めた卒業生から集めた寄付で建てられた施設がキャンパス内にたくさんあります。これは、産学研究が日本以上に盛んな証拠だと思います。

韓国で産学連携が盛んな背景には、韓国の政経癒着の構造があります。韓国では、一九六〇年代から現在まで財閥が歴代の政権と強いパイプをもち、政治献金の見返りに政策金融など政府の支援を受けながら公共事業を請け負い発展してきました。大学の世界でも、政界に進んだ卒業生を通じて有力な政治家とのパイプをつくり、教育部(8)からより多くの支援を受けられるように動くのが教授の役割の一つであり、使命だと考えているところがあります。こうした大学と政界の癒着は日本にもありますが、日韓で大きく異なるのは、韓国では大学の教授が大臣や外国の大使クラスに頻繁に登用され、現実の政治に参与するケースが多いことです。当然、大臣になった教授は自分の大学や母校の発展に尽力することも少なくありません。実際、私が高麗大学に留学していたときも、研究所の所長は研究よりも政治家との関係構築に熱心でした。週末になると、有力な政治家が開催するパーティーに高名な学者や財界人が招待され、頻繁に政界・財界・学界間の交流が行われたり、逆に学者が開催するシンポジウムに有力な政治家や財界の関係者が招待されることもありました。

ちなみに、私が高麗大学の客員教授に招聘《しょうへい》されたときも、受け入れ教授の主催でソウルの梨泰院にあるハイアット・ホテルで歓迎パーティーが開催されましたが、そこに当時、大統領候補の一人であった高名な国会議員が駆けつけ、私とはまったく関係のない挨拶をしていたことを思い出します。今から考えると、私の留学歓迎会にかこつけて、リベラル派の大統領候補を応援するパーティーが行われていたわけです。ちなみに、当時私の歓迎パーティーを主催してくれた教授は、その後、金大中政権で日本大使に任命されました。

日本では、大学教授が政治の世界に進出することにどちらかというと禁欲的なところがありますが、韓国では、チャンスがあれば、政界に入り、自分が立案した政策を現実の社会で実践してみたいと考える学者が少なくありません。長い間、権威主義体制下で学問の自由を制限されてきた韓国では、民主化の過程で政治に参加する学者が増えたことは間違いないと思いますが、それはまた一方で学問の政治化を促すという副作用の側面もあったと思います。良かれ悪しかれ、韓国の大学は政治をリードする知のシンクタンクであるとともに、政争の嵐に翻弄されてきたような気もします。

通貨危機

私が韓国に留学した一九九七年は、韓国経済にとって激動の年でした。まずこの年の一月、当時の韓国財閥ランキング一四位だった鉄鋼大手の韓宝グループが、過大な投資がたたって不渡り手形を出し、倒産しました。さらに、同年三月に三美という財閥グループが中国における鉄鋼需要の不振で資金繰りが悪化し、倒産しました。二つの財閥が相次いで倒産するというニュースを留学前に聞いて、内心「韓国の経済はやばいのでは」という気持ちになりましたが、この時点では、まさか韓国が通貨危機に陥るとはまったく想像もできませんでした。

韓国に留学した頃には、財閥の連続倒産によって金融機関の不良債権問題も表面化していました。国際金融市場における韓国の金融システムに対する不安が高まり、韓国は徐々に外国からの資金調達がうまくいかなくなっていったと思います。こうした経済危機を打開するため、韓国銀行は第一銀行など七行に総額一〇億ドルの緊急融資を行い、銀行協会は財閥の倒産を防ぐため、同年四月に「不渡り防止協約」を制定しました。「不渡り防止協約」は、銀行が企業に対する融資の返済期限を二か月間延長するというものです。しかし、「不渡り防止協約」制定から二か月後の四月に、焼酎で有名な真露（防止協約適用一号）が、さらに五月に大農（同適用二号）が、手形を返済できないまま倒産していました。

また「不渡り防止協約」が適用されると、手形の引き落としが一定期間凍結されるので、企業に資金を貸し付けていたノンバンクは、経営が危ないといわれている企業から資金を早めに回収しようとやっきになっていたと思います。同年七月、サムソン経済研究所が月例報告書で、「大手自動車メーカーの起亜が経営危機」という記事を載せると、韓国経済の危機という噂が現実味をおびるようになっていきました。

その年の夏、エアコンのない下宿の暑さに我慢できず、私は知り合いの大学教授の快適なマンションに身を寄せていました。当時、韓国では、まだエアコンがあまり普及しておらず、暑い夏を扇風機で乗り切るのが普通でしたが、わずか数か月のために扇風機を買うのはもったいないと思い、友人の家に避難したわけです。そのとき、友人の教授が「起亜が車を半額でたたき売りしているみたいですよ。そろそろ起亜も危ないんじゃないでしょうか」と言っておりましたが、それから数日後（同年七月）、韓国第二位の自動車メーカーだった起亜が九兆ウォンの負債を抱えて倒産したときは、本当に驚きました。

実は、韓国経済の危機は私の懐にも大きな影響を及ぼしました。四月に韓国にやってきたとき、韓国の金融機関に勤めていた友人の勧めで、大阪市からもらった留学費用の二五〇万と韓国政府から受けた奨学金一〇〇〇万ウォン（約一五〇万円）の合計四〇〇万円を現金で寝かしておくのは惜しいという理由で、韓国の金融機関に年利一〇％の定期預金（六か月定期）として預けていたのです。韓国での生活費は日本の金融機関から引き出し、韓国の留学費用をそのまま韓国の金融機関で年利一〇％の金利で膨らませることができるなら、一二月の帰国時には二〇〇万ウォン（約二〇万円）近い利息が手に入るはずでした。

ところがどうでしょう。ウォンの対ドルレートは通貨危機で急落し、それにともない四月に一〇〇〇円＝七〇〇〇ウォンだった円とウォンの交換比率が、一一月には一〇〇〇円＝一万ウォンまで下落。その後もウォン安は止まらず、私が帰国する一二月には一ドル＝二〇〇〇ウォンを割り込み、円との交換比率も一〇〇〇円＝一万四〇〇〇ウォンまで下がってしまいました。

結局、帰国を前にして、通貨危機でウォンの価値がこれだけ暴落してしまうと、いくら一〇％の金利がついたとしても、円に交換すると四〇万円以上損をすることになるので、預金はそのまま韓国の金融機関に預けておくことにしました。大学院から教員生活を含め二〇年以上も経済学を勉強してきた結果、このありさまですから、本当に情けない気持ちになりました。韓国人というプライドだけでなく、経済学者という私のプライドも、通貨危機でみごとに打ち砕かれてしまったわけです。

大統領選挙というお祭り

韓国に留学していた一九九七年は、韓国で大統領選挙が行われた年でもあり、通貨危機を引き起こした当時の金泳三大統領に対する国民の不信感が高まり、秋になると次期大統領を目指す候補者による激しい選挙戦の火ぶたが切られることになりました。日本と違い、国民の政治に対する関心は高く、大学でも、食堂でも、下宿でも、人々の話題は、「次の大統領を誰にするか」でした。

選挙に多くの候補が名乗りをあげましたが、実質的には保守ハンナラ党（当時）の李会昌《イフェチャン》候補とリベラル派の新政治国民会議（当時）の金大中《キムデジュン》候補の一騎討ちの様相を呈していました。金大中候補は、韓国の民主化運動を一九七〇年代からリードしてきた野党の指導者でしたが、韓国で長い間抑圧されてきた全羅道出身者であったために、保守基盤の強い地域からは支持されないというハンディを背負っていました。とりわけ、全羅道と慶尚道の対立は深刻で、韓国では全羅道出身者は慶尚道出身者とは結婚できないという差別的なことを言う人もいたほどです。

実際、留学中にこんな経験をしたことがあります。ソウルの大学路にある地下劇場にコントを観に行ったときのことです。年配の男性と若い女性の漫才コンビが出演し、親子の設定でこんな漫才が行われ、唖然としました。

女性「パパ、新しい彼氏できたんよ」
男性「よかったな。おめでとう」
女性「彼と結婚しようと思うねんけど、彼、日本人やねん」
男性「日本人か。日本人だけはやめとけ。日本人と結婚しても、幸せにならへんぞ」
女性「ほな、やめとくわ」
　場内、笑い
女性「パパ、新しい彼氏できたんよ」
男性「早いな。この前、男と別れたばかりやないか」
女性「ええ、ほんまにええヒトやねん。でも、彼、全羅道出身やねん」
男性「前から言うとるやろ。全羅道の男だけはあかん。彼と別れて、前の日本人の男とより戻しなさい」

場内、大爆笑

漫才は、慶尚道のサットリ（方言）で行われ、慶尚道出身者が全羅道出身者に対する差別的感情をむき出しにする行為を風刺したものでしたが、私は笑えませんでした。韓国の地域対立の構図をリアルに表現しすぎていたからです。

こうした地域対立がある限り、全羅道出身の金大中氏は大統領にはなれないのではないかと、私は思っていました。事実、選挙戦の前半は、保守の李会昌氏がかなりリードしていたと思います。一九九七年六月の世論調査では、李会昌氏が四〇％、金大中氏は二五％足らずでした。このままいけば、金大中氏に勝ち目はない。はじめは、国民の多くがそう考えていたと思います。

しかし、メディアを味方につけた金大中氏が徐々に支持者を増やしていくことになりました。金大中氏に追い風が吹いたのは、一九九七年から主要な大統領候補者によるテレビ討論会が始まったことです。選挙の終盤に近づくと、連日のように、候補者によるテレビ討論会が放送され、通貨危機にどう対応し、韓国経済を立て直すか、大企業と中小企業、ソウルと地方の格差問題にどう対応するか、政府と財閥の癒着問題をどのように改善するかなど、いわば韓国病といわれている諸問題への対応について、それぞれの候補者の考え方と選挙公約が各家庭に実況されたわけです。演説の名手といわれた金大中氏は、ウィットに富んだ巧みなスピーチで視聴者を魅了していきました。

今でもよく覚えているのは、テレビ討論会で司会者から韓国の貿易赤字問題への対応を問われたときの金大中氏の回答です。当時、韓国は自動車、家電製品、半導体などを米国に輸出し、輸出額を毎年増加させていました。しかし、そうした輸出品に必要な部品の多くを日本から輸入しており、韓国の財閥が自動車や半導体を輸出すればするほど、日本からの輸入も必然的に増加するという対日輸入誘発構造に苦しんでいました。金大中氏は、韓国の中小企業の技術力を強化し、財閥が日本の中小企業ではなく、韓国の中小企業から部品を調達できるようになれば、貿易赤字問題は解決するとし、政府の開発資「金」を「大」企業から「中」小企業にシフトしていくと説明し、これを自分の名前をもじって「金→大→中」ビジョンと説明し、テレビを見ていた聴衆から大喝采を受けたのです。こうした大企業よりも中小企業、資本家よりも労働者の立場にたった金大中氏の社会民主主義的な政策も、韓国の一般大衆から支持を受けた理由だったと思います。

それでも、長年権威主義体制下で培われた韓国の保守基盤は厚く、選挙の終盤まで李会昌氏と金大中氏のデッドヒートが続きました。大学でも、語学堂でも、下宿でも、飲み屋でも、話題の中心は大統領選挙でした。しかし、李会昌氏の二人の息子が兵役逃れをしていたというスキャンダルをマスコミが一斉に報道したことで、形勢は逆転することになりました。[9] 李会昌氏は敬虔なカトリック教徒で金泳三政権の監察院長として汚職を摘発してきた人物だけに、二人の息子が徴兵逃れをしていたというスキャンダル報道は、岩盤といわれた李会昌支持者にも動揺を与えたようです。大統領選で終始リードしてきた李会昌氏の支持率はいっきに下がり、大統領選挙は接戦に持ち込まれることになりました。

一九九七年一二月一八日、第一五代韓国大統領選挙の投票が行われました。韓国の多くの友人から、「金大中候補に一票を」「李会昌候補に一票をお願いします」と言われたものの、在日韓国人には日本はおろか母国にも選挙権はありません。歴史的な政権交代を前にして、選挙に参加できないみじめさを、このときほど感じたことはありません。[10] 私は、韓国人なのに、韓国人ではない。下宿のテレビで選挙の結果を見守るしかない自分の中途半端な境遇を恨みました。

選挙の結果は、金大中氏一〇三二万六〇〇〇票（四〇・三％）、李会昌氏九九三万六〇〇〇票（三八・七％）。わずか一・六％差という金大中氏の薄氷の勝利でした。私が韓国の政権交代を見届け、祖国をあとにしたのは、金大中氏の勝利に沸くクリスマスの夜でした。韓国民主化の象徴ともいえる金大中大統領の誕生は祖国の民主化を願う私には最高のクリスマスプレゼントでした。しかし、大統領選挙で味わった、なんともいえない疎外感は、自分は韓国人でありながら韓国人でないというアイデンティティーの揺らぎを再認識する機会になりました。私が日本人でも韓国人でもない在日という生き方を模索するようになったのは、それからのことです。

注

(1) 当時のレートによる円換算。以下、同様。

(2) 確かに、SKYの卒業生には政財界で多くの成功者がいるが、卒業生がすべていい職に就けるわけではない。近年は不況で、SKY卒業生の就職率も低下傾向にある。

(3) 韓国では、日本でいう学部を大学、学科を学部と表記している。ちなみに、私が留学していた当時は、これほどたくさんの学部はなかったが、日本と同じように二〇〇〇年以降急速に学部（大学）が増設されることになった。

(4) 大韓帝国末期から日本統治期にかけ、朝鮮半島で発行されていた日本語新聞。一九〇六年、伊藤博文が『漢城新報』と『大同新報』を合併し、韓国統監府の機関紙として創刊。当初は韓国語版と日本語版を並行して発行していたが、一九〇七年から韓国語版は廃止され、一九一〇年から朝鮮総督府の機関紙になった。一九四五年、日本敗戦にともなって廃刊になった。

(5) 朝鮮半島咸鏡南道出身のシルム選手、相撲力士、プロレスラー。出生名は金信洛。朝鮮半島のシルム選手を経て、日本の大相撲でも活躍し、西の関脇にもなった。相撲引退後、プロレスラーに転向し成功を収めたが、一九六三年一二月、赤坂のナイトクラブで暴力団員に刺殺された。三九歳だった。

(6)韓国の人気男優。主演のドラマ『パイロット』(一九九三年)が、日本でも放送されて知名度を上げた。『接続 ザ・コンタクト』(一九九七年)、『八月のクリスマス』(一九九八年)、『シュリ』(一九九九年)などの映画が日本でも大ヒットした。
(7)一九五四年、世界基督教統一神霊協会を設立し、朴大統領の庇護を受け、「国際勝共連合」の名で「勝共運動」を展開し、反共組織として発展した。一九五〇年代末からは、日本・米国・ヨーロッパにも支部を置き、世界中から信者を集めた。日本では、霊感商法など数々の問題を引き起こし、反社会組織の烙印を押された。二〇二二年七月、統一教会(現在の名称は世界平和統一家庭連合)の信者の子ども(いわゆる宗教二世)による安倍元首相銃撃事件をきっかけに教団に対する批判報道が再燃し、日本人信者をマインドコントロールして彼らに多額の献金をさせる利益誘導型の布教活動が問題視された。
(8)日本の文部科学省に該当する。二〇〇一年一月、政府組織が改編され、教育人的資源部に改められた。
(9)李会昌氏の息子の兵役逃れについては、実はリベラル派が捏造したフェイクニュースであったという報道もある(『東亜日報』二〇〇二年八月七日)。
(10)その後、韓国では二〇〇九年に公職選挙法が改正され、在日韓国人などの在外国民にも韓国の大統領選挙の選挙権が付与されることになった。

第9章

頓挫した参政権運動

一九九〇年代末から二〇〇〇年代に入り、在日コリアンによる参政権運動が活発化するようになりました。私も在日のオピニオン・リーダーの一人として、新聞や雑誌で在日コリアンにも地方参政権が保障されるべきだと積極的に主張してきた時期があります[1]。

在日党の李英和さんと「在日コリアンの参政権をめぐるシンポジウム」を行う（1990年12月）

その論拠は、そもそも日本の統治下で、在日コリアンなどの植民地出身者には居住地の日本で参政権が認められていたにもかかわらず、戦後（解放後）にその権利が停止されてしまったことに違和感をもっていたからです。のちに詳しく述べますが、フランスのように、ニューカマーの移民はともかく旧植民地出身者には参政権を付与すべきではないかというのが、私の持論でした。

まず、戦後（解放後）の在日コリアンによる参政権運動について説明する前に、そもそもどのような経緯で、日本統治期に植民地出身の在日コリアンに参政権が付与されることになったのか、整理してみましょう。

その昔、在日コリアンには参政権が認められていた

一九一〇年、韓国は日本に併合され、コリアンは日本帝国の臣民に編入されましたが、帝国議会議員を選出する選挙権は付与されていませんでした。一九一九年四月、三一独立運動(2)が鎮圧され、「朝鮮を差別待遇せず、内地日本と一体化しよう」という「内鮮一体」のスローガンが叫ばれるようになると、一部の親日派から朝鮮国内での衆議院議員選挙実施を求める請願書が出されるようになりました。当時、参政権請願運動のリーダーであった閔元植《ミンウォンシク》は「日韓併合を植民地化ではなく対等合併」と主張し、「朝鮮は日本帝国の一地方であり、植民地ではない」と述べています。「朝鮮人が日本人であり、植民地でないと言うなら、「日本人としての権利すなわち参政権を与えよ」というのが、閔の言い分でした(3)。こうした閔の主張は、独立派の主張と対立するものでしたが、大日本帝国において在日コリアンの「日本人」としての権利を求める人々の声を代弁するものでもありました。

しかし、朝鮮国内での選挙は日本政府から「時期尚早」として却下され、最後まで認めら

れませんでした。

一方、衆議院議員の選挙が実施されていた日本では、一九一八年ぐらいから「納税額」などの要件を満たした在日コリアンへの参政権付与が議論されるようになりました。日本の朝鮮・台湾などの植民地支配が始まった当時、植民地には日本と異なる法域が形成されていましたが、日本と植民地間の法的な整合性を図るため、一九一八年一月から三月にかけて第四〇回帝国議会で日本と植民地間の法秩序の調和を目指す「(内外地)共通法」案が審議されることになったのです。

植民地出身の在日朝鮮人の参政権の問題が最初に議論されたのは、この帝国議会であったとする先行研究があります[4]。当時、貴族院議員の江木翼《たすく》は「共通法」の策定にあたり在日コリアンの選挙権について質問し、法制局長の有松英義から「内地在住の朝鮮人(在日コリアン)に選挙権を認めるかどうかは現場の判断による」という回答を引き出しています。そして、こうした貴族院での議論を踏まえ、衆議院でも在日コリアンの参政権問題が議論され、内地戸籍に入ったコリアンに例外を設ける可能性を保留しつつ、参政権について「日本人と同一の待遇」を与えるという結論に達したというわけです[5]。

しかし、こうした「(内外地)共通法」案に不安を感じた当時の内務省地方局長は、一九一八年二月、植民地者の公民権を否認し、市町村など地方自治体での参政権(地方参政権)についてはこれを打ち消す方針を示しています[6]。

このように一九二〇年の総選挙を控え、選挙執行上の問題点として浮上した在日コリアン、台湾人などの植民地出身者に選挙権を認めるかどうかの問題については、内務省地方局長から地方選挙では認められないという見解が飛び出すなど、政府内でも対応に混乱が見られたといわれています。しかし、いくつかの地方自治体では植民地出身者がすでに選挙に参加しているという報告もあり、ついに一九二〇年三月、内務省内の地方長官会議で「帝国臣民男子で、納税額などの選挙人要件」を満たすなら、内地に居住する植民地出身者にも衆議院議員選挙権のみならず、市町村会議員選挙への参与が正式に認められることになったというのが、植民地出身者への参政権付与の歴史的経緯です[7]。

こうした日本政府による植民地出身者への参政権付与の経緯を見ると、日本政府が彼らへの参政権付与を「内鮮融和」の手段として利用したというよりも、法改正以前に旧植民地出身者がすでに選挙に参加しているという既成事実の積み重ねの中で、在日コリアンへの参政権付与が事後的に法制化されていったというのが実態かもしれません。

日本統治下での植民地出身者への参政権付与の意義

日本統治下で植民地出身者に参政権を付与することは、支配者の総督府から見れば、朝鮮の「内鮮融和」、すなわち朝鮮人の「皇民化」を進める目的があったと思いますが、被支配者の植民地出身者にとっては、どのような意味があったのでしょうか。

日本統治時代の植民地出身者への参政権付与は、一部の親日派に恩恵を与えただけで、ほとんど意味がないと、当時の参政権を批判的にとらえる研究者も少なくありません。例えば、国際法学者の金東勲《キムドンフン》は「当時の当選者のほとんどは植民地支配に協力した者であった」という理由で植民地支配下における在日コリアンへの参政権付与の意義について批判的です。[8] しかし、当時の植民地出身の議員の中には「朝鮮系の『日本人』として、日本国内での平等を獲得する」[9] ことを目標に掲げ、議員活動を展開した者がおり、そうした彼らの政治運動に期待する植民地出身の有権者がいたことも事実です。

日本統治下でより多くの在日コリアンに参政権が享受されたのは、一九二五年五月の衆議院議員選挙法の全面改正以降のことです。この選挙法の改正で厳しい納税要件が撤廃され、帝国臣民たる二五歳以上の男子は、植民地出身でも衆議院議員の選挙権を有することになりました。さらに一九二六年六月、府県制、市政、町村制が改正され、府県議会議員選挙、市町村議会議員選挙からなる地方議会選挙でも納税要件を廃止して、男子普通選挙制が実施され、より多くの植民地出身者が地方選挙に参加することになりました。ただ、地方選挙権を行使するためには、毎年九月一五日までの半年間、その市町村に住所を有することが条件になっており、移動の多かった植民地出身者にはこの条件を満たせない者も多くいたようです。当初は選挙権を行使した者は限られていましたが、被選挙権も与えられていたため、やがて衆議院議員選挙や地方議会選挙に立候補する在日コリアンも現れるようになりました。

一九二九年の堺市議会選挙に紡績工場の監督だった黄承元《ファンスンウォン》が立候補したのを皮切りに、在日コリアンの立候補者が続出し、一九四三年までの一四年間に日本の各選挙に立候補した在日コリアンの総数は三八三名にのぼりました。このうち当選者は九六名、落選者は二八七名であったという記録が残されています(10)。

当選者の中には、日本社会の中での植民地出身者に行われてきた民族差別を解消したいと奮闘している地方議員もいました。地方議会選挙に出馬したコリアンの候補者には、「内鮮融和」を叫ぶ「親日派」もいましたが、選挙公約に民族差別撤廃を掲げる者もいました。ただ、当時の植民地出身の候補者が民族差別を撤廃するためには、日本人有権者の支持を得なければならず、選挙運動の一環として「内鮮融和」のスローガンを掲げた者もいたようです。

実際、多くの朝鮮半島出身の議員にとって、「内鮮融和」思想と「民族差別の撤廃」は矛盾するものではありませんでした。一九三二年五月、尼崎市議会に当選した朝鮮半島出身の朴炳仁《パクビョンイン》は、日本に協力する「内鮮融和」を掲げながらも、民族差別の撤廃につくした地方議員の一人でした。梁泰昊《ヤンテホ》氏の先行研究によれば、一九三三年一二月、尼崎市議会で「市営住宅に朝鮮人が居住するため土地の発展が阻害された」という民族発言に朴炳仁が激しく抗議し、差別発言をした人物に議員辞職を求めたという記録も残っています(11)。

朝鮮人を侮蔑する民族差別発言は、「内鮮融和」思想に悪影響を及ぼすと朴炳仁議員は考えたわけです。その後、朴炳仁は上京し、当時衆議院議員であった朴春琴《パクチュングン》代議士を介して内務大臣を訪問し、在留コリアンの居住権をめぐる問題について陳情を行っています[12]。

内鮮融和を掲げ、衆議院議員選挙で当選し、万歳する朝鮮人初の衆議院議員、朴春琴氏（前列中央）と朴氏の妻（その右）ら関係者たち（1932年2月21日、日本電報通信社撮影。写真提供：共同通信社）

一九三四年、京阪神を直撃した室戸台風でバラックに住んでいた多くの在日コリアンが被災し避難しましたが、避難先でも日本人住民から立ち退きを要求されるなど、在日コリアンの住宅問題は深刻でした。朴炳仁は市会議員として、在日コリアンの住宅問題の解決に奔走しました。一九三七年九月、尼崎市を襲った高潮で在日コリアンの部落一五〇戸が浸水したときも、朴炳仁は市議会に高潮対策を要求し、河川埋め立ての改善策を突き付けるなど、在日コリアン住民の生活改善に大きな役割を果たしたといわれています[13]。こうした朴炳仁の市政活動を振り返るだけでも、戦前期において、植民地出身者の声が地方政治にある程度反映されていたことがわかると思います。

もちろん、その反対の例もあります。在日コリアンの支持を得て衆議院議員に当選した朴春琴は、在日コリアンからの陳情には冷淡だったという説です。都市環境整備で深川周辺の朝鮮人バラックの立ち退きに強硬な対応をしていた当局の動きを止めてほしいと、陳情に訪れた在日コリアン住民を、朴春琴議員は「東京の都市整備のため、立ち退くべき」と言って追い返したというエピソードは有名です(14)。しかしながら、こうしたエピソードも、在日コリアンが選挙で彼らの代表を国会に送り込み、彼らのために働いてくれることを期待していたことを伝えるものに変わりありません。数の少ない在日コリアンが自分たちの力で、国会や市町村議会に代表を送り込むことは困難であったとしても、彼らが参政権を「民族差別」撤廃の一つの重要な手段と考えていたことは間違いないと思います。

戦後（解放後）、なぜ植民地出身者の参政権は停止されたのか

一九四五年八月、日本は敗戦し、朝鮮は日本の植民地支配から解放されることになりました。在日コリアンの多くは帰国に向け動き始めますが、さまざまな事情で帰国できない人もいました。このような状況下で、日本にとどまった在日コリアンの処遇問題が浮上することになり、当然、戦前期に在日コリアンに付与されていた参政権も処遇問題の争点

になりました。米国の占領下でGHQ（連合国最高司令官総司令部）は日本の民主化を迫り、戦後の選挙法の改正は婦人（女性）への参政権の付与を中心に民意の拡大を通じた民主主義の構築をテーマに行われることになりました。幣原喜重郎内閣は、選挙法の抜本的な改革に取り組み、婦人参政権の付与、選挙人年齢の引き下げ、大選挙区制の採用など、新選挙法の骨格を示しました[15]。

こうした選挙法の改正過程で臨時閣議に提出された内務省の原案は「内地在住の植民地出身者（コリアンおよび台湾人）も選挙権、被選挙権を有する[16]」というものでした。当時の政府の認識は「内地在住の朝鮮人、台湾人の選挙権は、これらの人々は国籍をこちらに有してをり、帰国するにしてもさう早急には完了せず、また内地に永住の希望をもつてゐる者も多数あるので、その選挙権は従来通り認めてゐて差し支えない[17]」（原文ママ）というものでした。この時点では、政府は日本に残った植民地出身者に参政権を付与するつもりだったようです。

ところが、そのわずか一か月後の一九四五年一一月二二日に発表された「選挙法改正案」では「戸籍法の適用を受けざる者の選挙権及び被選挙権は、当分の内之を停止す」という「付則」が付けられてしまいました。この「付則」により、在日コリアンなどの植民地出身者の参政権は停止されてしまうことになったのです。

在日コリアンをはじめとする旧植民地出身者への参政権付与が停止された理由について、

選挙法の改正を主導した堀切善次郎内務大臣は一九四五年一二月の衆議院議会で次のように説明しています。

「ポツダム宣言の受諾により、朝鮮および台湾は早晩帝国の領土より離脱することになり、その結果、朝鮮人および台湾人は、原則として帝国の国籍を喪失することに相成るものと存ぜられますので、是等の者を依然帝国臣民として選挙に産興せしめることは適当と認められないように存ぜられるのであります[18]」

また堀切内務大臣は、旧植民地出身者の参政権が「禁止」ではなく「停止」された経緯について次のように説明しています。

「尤も講和条約の締結までは、（旧植民地出身者も）尚帝国の国籍を保有して居る者と考えられますので、今日直ちに選挙権及び被選挙権の享有を禁止することは適当と認めがたく、選挙権及び被選挙権を有するが、其の国籍が国際法上確定するまで、当分の内之を停止する取扱いと致した次第であります[19]」

こうした内務大臣の説明から、どのようなことがわかるでしょうか。まず、植民地出身者の参政権が、彼らが正式に日本国籍を失う（日本国籍を剝奪される）以前から「停止」されてしまったことがわかります。旧植民地出身者が正式に日本国籍を喪失するのは一九五一年九月、「講和条約の発効にともなう朝鮮人・台湾人に関する国籍及び戸籍事務の処理」通達が出されてからであり、それまで在日コリアンなどの旧植民地出身者は日本国籍を保有していたのです。形式的にも日本国籍を保有していた旧植民地出身者の参政権を「禁止」するわけにはいかず、日本政府は苦肉の策として、旧植民地出身者が日本国籍を喪失するまでの間、彼らの参政権を「当分の間、停止する」ことにしたというわけです。

次に日本政府が旧植民地出身者に国籍選択権を与えない前提で、すなわち彼らが日本国籍を失うという前提で参政権を剝奪してしまったことがわかります。当時、旧植民地出身者の中には、日本に生活基盤をもつ者も多く、さまざまな事情から帰国できなかった者も少なくありませんでした。戦後、フランス政府が旧植民地出身のアルジェリア人の重国籍を認め、植民地解放後も彼らの参政権をも認めたように、特別立法措置を講じることはできなかったのか、旧植民地出身者への対応に疑問が残るところです。その後、日本政府は平和条約の締結にともなう五一年通達で、在日コリアンに国籍選択権を与えず、一方的に日本国籍を剝奪し、国籍条項をともなう戦後補償や社会保障の対象から除外してきました。このときから、日本国憲法が謳う「国民としての権利」は、在日コリアンにとって「非国民ゆえの権利の制限」に変わってしまったのです。

戦後の旧植民地出身者による参政権回復運動

では、戦後、在日コリアンは奪われた参政権問題に対し、どのような対応をとってきたのでしょうか。北朝鮮サイドから戦後の在日コリアンの人権運動を主導してきた朝連[20]は、意外なことに、旧植民地出身者の参政権を禁止した普通選挙法の改正直後から約一〇年間、在日コリアンの生活権の確保の立場から、在日コリアンへ参政権を求める運動を展開していました。しかし、一九五五年の路線転換で誕生した朝鮮総連（在日本朝鮮人総聯合会）は一転して、「内政不干渉」の原則を掲げ、組織としての参政権運動から撤退してしまいました。

一方、韓国サイドから在日コリアンの人権運動を展開してきた民団（中央本部）は、長い沈黙期を経て、一九八七年「第六次在日韓国人の権益に関する要望書」を発表し、「納税の義務を果たしている者の当然の権利」として、地方参政権を日本政府に求める声明を出しました。その後、在日コリアンの在野の人権団体から、地方参政権を求める声が上がるようになっていきました。民闘連（民族差別と闘う連絡協議会）[21]は、一九八七年一月、「定住外国人に関する基本法」の制定を要望するにあたり、参政権の必要性を強調し、同年一二月、その趣旨を盛り込んだ「旧植民地出身者に関する戦後補償及び人権保障法」を発表しました。

一九九〇年代に入ると法廷で在日コリアンの地方参政権を求める者も現れるようになりました。一九九〇年九月、金正圭《キムジョンギュ》氏など在日コリアン九名は、公職選挙法に基づく選挙人名簿に登録されていないことを不服として、大阪市など三市の選挙管理委員会に異議申し立ての裁判を起こしたのです。起訴内容は、「日本国民たる年齢二〇歳以上の者で引き続き三カ月市町村の区域内に住所を有する者は、別の法律の定めるところにより、その属する地方公共団体の議会および長の選挙権を有する」ことを定めた地方自治法第一八条や公職選挙法第九条二項は、地方公共団体の住民の選挙権を保障した憲法第九三条二項「地方公共団体の長、その議会の議員及び法律の定めるその他の吏員は、その地方公共団体の住民が、直接これを選挙する」に違反しているというものでした。金氏らがこの裁判で世に問うたのは、地方自治法第一〇条に定めた住民の概念をどう規定するかでした。この法律には、「市町村の区域内に住所を有する者は、当該市町村及びこれを包括する都道府県の住民とする」と記されており、この解釈に立てば、外国籍であっても、「当該市町村の区域内に住所を有する者」は地方公共団体の住民ということになり、彼らもまた憲法第九三条が保障する地方参政権を有するという主張です。

その後も在日コリアンの地方参政権を求める法廷闘争は日本各地で活発化していきました。一九九一年五月には、福井県在住の在日コリアン一世・二世が地方参政権を求める訴訟を行い、一九九五年四月には、大阪府に住む在日コリアン一一八名が、定住外国人の地方参政権を認めない現行の公職選挙法および地方自治法は法の下の平等を保障した憲法に違反するとし、国を相手取って立法措置をしなかった違憲確認と一人当たり一〇万円の損害賠償を求める訴えを大阪地裁に起こしました。

彼らがこうした裁判を起こした背景には、日本の植民地統治下で旧植民地出身の在日コリアンが参政権を有していたという歴史的経緯があると思います。すでに論じたように、日本統治下の地方議会では、地方選挙を通じて多くの在日コリアンが地方政治に参加していました。しかしながら、戦後まもなく、一九四五年一二月に選挙法が改正されたとき、戸籍条項が導入され、旧植民地出身者（戸籍法の適用を受けない者）の参政権は停止されてしまったわけです。以後、「戸籍条項」は公職選挙法にも導入され、在日コリアンはいっさいの選挙権、被選挙権を失うことになりました。繰り返しになりますが、こうした歴史的経緯からわかることは、植民地出身の在日コリアンは日本国籍を有していた段階で、参政権を奪われていたという事実です。その後、一九五二年の平和条約の発効時に、GHQの民事局長通達によって、在日コリアンは日本国籍を剝奪され、さまざまな法律に国籍条項がつけられるようになり、参政権だけではなく、戦後補償、社会保障などの制度から排除されることになってしまいました。在日コリアンによる地方参政権訴訟は、こうした意味で旧植民地出身者の参政権を剝奪した日本の「戦後責任」を問うものでもあったと思います。[22]

一九九五年最高裁判決と各政党の対応

一九九五年二月、金正圭氏らが地方参政権を求めた裁判では、最高裁は憲法第九三条の規定について「憲法が権利として外国人に選挙権を保障しているとはいえない」と述べる

朝日新聞
1995年（平成7年）3月1日　水曜日
定住外国人に地方選挙権
最高裁「憲法、禁止せず」初判断
「ただちには保障されず」訴えは退ける
立法措置、国会に促す

最高裁判決を報じる新聞記事
（『朝日新聞』1995年3月1日）

一方、傍論ながら「地方自治のあるべき姿からみると、永住しているなど、地方自治体と密接な関係のある在日外国人の場合は、その意思を地方行政に反映させるために、法律によって首長や議員の選挙権を与える措置を講じることは、憲法上、禁止されていない[23]」という初めての憲法判断を下しました。

この判決は、参政権を「国民固有の権利」に限定してきた憲法解釈の限界性を認識したうえで、憲法が定めた「住民自治」の原則も尊重されねばならないという観点から、「地方公共団体と密接な関係をもつ」外国籍住民に地方参政権を与えるかどうか（その法律をつくるかどうか）の判断は国会での議論に委ねられるとしました。参政権を国民固有の権利とした憲法解釈と住民自治の原則を規定する憲法の矛盾に折り合いをつけようとする苦肉の策として、外国籍住民に地方参政権を与えるかどうかの議論を国会に委ねようとしたわけです。この判決後、旧植民地出身者を含む永住外国人の参政権論争の舞台は、法廷から国会に移ることになりました。

ちなみに在日コリアンへの地方参政権付与の是非を審議した一九九七年五月の大阪地裁では、さらに踏み込んだ判決が下されています。

「憲法一五条が保障する選挙権は、日本国民を対象としており、定住外国人に選挙権や被選挙権を保障するものではない。朝鮮、台湾出身者や、その子孫が日本に定住するに至った経緯や、その他の特殊性に考慮して、地方参政権を付与する立法措置を講じるか否かは立法機関の広範な裁量に委ねられた、高度な政治的判断に属する」

法律によって旧植民地出身者に参政権を与えることを、憲法は禁止するものではないが、特殊な歴史的経緯を有する旧植民地出身者に地方参政権を付与するかどうかは、国会が判断することであり、司法はこの問題にこれ以上介入できないという判断です。これが、外国人の地方参政権問題に司法がたどり着いた一つの結論であったと思います。この裁判で興味深いのは、地方参政権付与の対象を在日コリアンなどの旧植民地出身者に限定して問題提起し、国会に立法化を促したことでした。

外国人の地方参政権をめぐる政党間の論争

一九九五年最高裁判決を受けて、当時の自民党、社会党、さきがけの連立与党三党が政治改革協議会を結成し、永住外国人に地方参政権を与えるかどうかをテーマに議論を続けたことがあります。この協議で、自民党は永住外国人に地方参政権を付与する前提として「相互主義」の原則を振りかざしました。「相手国がその国に在住する日本人に参政権を認めないなら、日本も相手国の国籍を有する外国人に参政権を認めない」という考え方です。これに対し社会党は、永住外国人の多数を占める在日コリアンの歴史的経緯を考慮すれば、この問題に相互主義の原則を持ち込むのは妥当でないと反論しました。さきがけも、厳密な意味で「相互主義」の原則をとっているのは、スペインやポルトガルなどごく一部の国だけで、「相互主義」の原則は世界の主要な潮流ではないと自民党に反論し、永住外国人の地方参政権付与に前向きな態度を示していました。

こうした永住外国人の地方参政権付与をめぐる三党協議は一九九五年三月から一〇月まで続きましたが、永住外国人の参政権付与に前向きな社会・さきがけと、付与に慎重な自民の隔たりは縮まらず、三党間の合意をみることなく、そのまま協議は立ち消えになってしまいました。

消えかかった外国人への地方参政権の議論を再燃させたのは、韓国の金大中大統領（当時）の訪日でした。一九九九年一〇月に金大統領が訪日したとき、彼は国会演説で、「在日コリアンが日本社会で立派な構成員になれるように、地方参政権などの制度的条件が改善される」ことを要望したのです。

こうした大統領の意向を受け、民主党と公明党の中で、定住外国人に地方参政権を与えるための法案を提出しようとする活動が再開されました。公明党の冬柴鉄三議員と民主党の中野寛成議員を中心に法案がつくられ、私も何度か意見を求められたことがあります。その結果、両党から次のような法案が作成されました。

①定住外国人のうち、選挙人名簿に登録を申請したものだけ選挙権を与える。

②当面は被選挙権を除外し、定住外国人の被選挙権を与えるかどうかは、将来の議論に委ねる。

一時、自民党の執行部は、連立を組んでいた公明党の法案に理解を示していました。そして一九九九年一〇月、自民党、自由党、公明党からなる与党三党は、定住外国人に地方参政権を認める法律を成立させることに合意しました。ところが、自民党のタカ派議員の一部が党議拘束をはずして自主投票をしようという党執行部の意向に反発し、立法化は見送られることになってしまいました。

それからほぼ一〇年後、二〇〇九年に政権交代を実現した民主党は、マニフェストに永住外国人への地方参政権付与を盛り込んで、法制化に取り組みました。民主党への国民の期待が高まったこの頃、『朝日新聞』の世論調査では、永住外国人に地方参政権を付与することについて、賛成が六〇%、反対は二九%でした(24)。新聞社が実施した国会議員に対するアンケート調査でも、国会議員全体の五三%が賛成、反対はわずかに二三%でした(25)。永住外国人への地方参政権付与に向け、間違いなく世論の風も吹いている時期だったと思います。

二〇〇九年一一月六日、民主党の山岡健次・国会対策委員長は、永住外国人に地方参政権を付与する法案を国会に提出する意向を示し、翌年（二〇一〇年）一月一一日、鳩山首相は民主党首脳会議の場で、「永住外国人に地方参政権を付与する法案を通常国会に提出する」と述べ、一月一三日の通常国会に政府として提出する方針を示しました。

当時の民主党が準備していた法案の中身は「在日韓国人等『特別永住者』のみならず、日本に一〇年以上住み、法相に『永住者』の資格を認められた外国籍住民に、地方自治体の首長や議員の投票に参加する選挙権を付与する」というものでした[26]。

しかしながら、永住外国人への地方参政権付与法案は再び見送られることになってしまいました。連立内閣を組んでいた国民新党が強く反対し、法案提出が困難になったためでした。しかし、わずか五名しかいなかった国民新党の力で、民主党執行部の決定を覆せたとは思えません。実は、反対の声は国民新党だけではなく、与党民主党内部からも噴出していたといわれています。当時財務副大臣を務めていた野田佳彦（のちの総理）は民主党の会合で、「参政権がほしいのだったら、帰化すればよい[27]」と述べるなど、民主党内の保守派の議員の中には外国人への地方参政権付与に強いアレルギーを示す者が多かったと思います。

外国人の地方参政権の法制化に反対した議員の意見には、先に紹介した、①帰化すればよい、②「相互主義」の問題、に加え、③「公務員を選定し、及びこれを罷免することは、国民固有の権利である」ことを定めた憲法第一五条一項に違反するなど、さまざまな反対論がありましたが[28]、残念なことは、外国人への参政権付与をめぐる議論の過程で、在日コリアンが求めた植民地出身者に対する過去の清算問題が議論されることはほとんどなかったことです。私も何度か複数の民主党議員から「法案」について意見を求められ、参政権の付与を旧植民地出身の特別永住者とその他の永住外国人に分けて議論することを提案しましたが、まったく聞き入れてもらえませんでした。在日コリアンへの地方参政権付与法案をめぐる国会審議が頓挫してしまったのは、地方参政権の付与対象が永住外国人まで拡大され議論が迷走したことで、旧植民地出身者に対する参政権回復問題の議論が置き去りにされてしまったためだと思います。

日韓関係に改善の兆しが見られる今、在日コリアンなど旧植民地出身者の「参政権回復」問題は、日本の過去の清算と植民地出身者の住民としての権利を回復するうえで重要なテーマの一つだと思います。各政党での議論と国会での再審議が強く望まれます。

注

(1)「差異と平等のジレンマ」『インパクション』第九二号、一九九五年、「定住外国人の地方参政権：朴一さんに聞く」『毎日新聞』一九九九年二月二〇日、「日本国籍取得では解決できない」『朝日新聞』二〇〇〇年一〇月一一日、「外国人参政権めぐり大阪でシンポ」『朝日新聞』二〇〇〇年一二月一六日、「外国人を粗末にする町は」『朝日新聞』二〇〇二年三月二五日、「永住外国人に投票権を認めた米原町の英断」『論座』(朝日新聞社)二〇〇二年四月号、「日本国籍取得問題に揺れる在日コリアン」『毎日新聞』二〇〇三年七月二六日など。

(2) 一九一九年三月一日、日本統治時代の朝鮮で発生した独立運動。運動は瞬く間に朝鮮全土に広がり、参加人数は二〇〇万人を超えたが、朝鮮総督府は軍隊を投入し、武力で鎮圧した。

(3) 小熊英二「朝鮮生まれの日本人――朝鮮人衆議院議員・朴春琴」『コリアン・マイノリティ研究』第一号、一九九八年、三三～三四頁。

(4) 松田利彦『戦前期の在日朝鮮人と参政権』明石書店、一九九五年、一四～一五頁。

(5) 同上書、一六～一九頁。

(6) 同上書、二〇～二一頁。

(7) 同上書、二四頁。田中宏は「普通選挙法が実施される一九二五年までは、納税要件が在日朝鮮人を排除しており、在日朝鮮人有権者が初めて現れたのは普通選挙法施行以降のことだ」(田中宏「日本の植民地支配下における国籍関係の経緯――台湾・朝鮮に関する参政権と兵役義務をめぐって」『愛知県立大学外国語学部紀要』第九号、一九七四年、七〇頁)と述べているが、一九二一年の衆議院議会での国会答弁で法制局長官が「朝鮮人が選挙人名簿に載せられて、選挙権を行った例がある」と答弁しているように、一九二〇年選挙で少数の在日コリアンが選挙権を行使したという記録も残されている（松田、前掲書、二二頁）。

(8) 金東勲『外国籍住民の参政権』明石書店、一九九四年、四三頁。
(9) 小熊、前掲論文、三二頁。
(10) 松田、前掲書、八一頁。
(11) 梁泰昊「尼崎市会議員——朴炳仁のこと」『ほるもん文化』第三号、一九九二年、新幹社、七四頁。
(12) 同上論文、七五頁。
(13) 同上論文、七七頁。
(14) 金賛汀『韓国併合百年と「在日」』新潮選書、二〇一〇年、一〇三〜一〇四頁。
(15) 松田、前掲書、一一九頁。
(16)『朝日新聞』一九四五年一〇月二一日。
(17)『朝日新聞』一九四五年一〇月一四日。
(18) 一九四五年一二月二日、衆議院議員本会議議事録。
(19) 松田、前掲書、一二三頁。
(20) 一九四五年一〇月、日本在住の朝鮮人によって組織された民族団体。「帰国同胞の便宜と秩序を期す」「在日同胞の生活安定を期す」などの綱領を掲げ結成されたが、一九四九年九月に解散。

(21) 在日コリアンをはじめとする定住外国人と日本人の共生を目指し、定住外国人差別をなくす市民運動組織として、一九七四年に結成された。民族教育に関する行政交渉、民間企業による就職差別の撤廃、公務員の国籍条項の撤廃、在日高齢者の無年金問題、在日コリアンの旧軍人・軍属への戦後補償などをテーマに市民運動を展開してきた。
(22) 当時、この裁判を担当した丹羽雅雄弁護士は次のように証言している。「定住コリアンに対する社会的権利が侵害されて差別が温存されてきたのは、戦後五〇年以上に及ぶ立法上の不作為からもたらされている。何度も旧植民地出身者に地方参政権を付与する立法措置を施す機会があったにもかかわらず、日本政府はそれを怠った」（二〇〇五年五月一〇日、電話にて本人にインタビュー）。つまり、在日コリアンが日本に定住するようになった歴史的経緯を考慮すれば、在日コリアンに地方参政権が保障されないのは、「戦後責任」の未処理であると丹羽弁護士は述べている。
(23) 『朝日新聞』一九九五年三月一日。
(24) 『朝日新聞』二〇一〇年一月一九日。ちなみに『毎日新聞』二〇〇九年一一月二四日では、賛成は五九％、反対は三一％だった。
(25) 『朝日新聞』二〇〇九年九月一日。
(26) 選挙権を与える対象は「日本と外交関係のある国の国籍を有する者」や、これに準ずる地域の出身者に限定。
(27) 『朝日新聞』二〇一〇年一月三一日。
(28) ①と③については「地方自治体と密接な関係のある外国籍住民に参政権を認めることを憲

法は禁じていない」という最高裁判決で再検討する余地が生まれたわけであり、③の「相互主義」についても、二〇〇五年に韓国が公職選挙法の改正で永住資格をもつ一九歳以上の外国籍住民に地方参政権を認めたことで、少なくとも韓国との間の「相互主義」の問題は解消され、在日コリアンに参政権を付与できないという最大の障壁は崩れたと思われる。

第10章

日韓の狭間で

メディアへの発信

大学の研究者として重要な活動の一つにメディアへの発信というものがあります。大学の研究者は、自分のフィールドでかなり専門的な研究を行うわけですが、それを大学の紀要や学会誌に発表するだけでは、研究が社会に還元されないので、ときには一般向けの講演を行ったり、高校に出向いて出張講義を行ったりします。私も大阪市立大学に赴任してから、京阪神を中心に、自治体、企業、病院、高校などで三〇〇回以上、講演や出張講義を行ってきました。

しかし、講演や出張講義では、聴いてもらえる人数は限られているので、もっと多くの人たちに自分の研究成果を発信したいとき、新聞や雑誌、ラジオやテレビなどのメディアを通じて自分の研究を発信するという手段もあります。

●朴一の新聞への寄稿・コメント登場回数（2000～10年）

	2000	2001	2002	2003	2004	2005	2006	2007	2008	2009	2010	計
朝日新聞	6	14	15	5	2	1	3	15	1	3	2	67
毎日新聞	8	4	10	7	1	2	4	1	2	3	2	45
産経新聞	3					1					1	5
読売新聞		1	1	1								3
京都新聞			3	2		1						6
神戸新聞		1	1	1	2	2						7
共同通信				2	1		1				1	5

計 138

注　：各新聞への400字以上のコメント、インタビュー、寄稿回数を筆者がカウントして集計

ただ、新聞にしても、テレビにしても、寄稿あるいは出演の機会を与えられなければ、学者としての見解を発信することができません。父は生前、「おまえが『朝日新聞』か『世界』（岩波書店）に論稿を発表し、NHKに出演してコメントできたら、一人前の学者になったと認めてやる」とよく言っておりましたが、当時はリベラル派の学者なら新聞の『朝日』、月刊誌の『世界』、テレビのNHKはメディアの三大ブランドであったと思います[1]。

ちなみに、私がNHKテレビに出演し、韓国の大統領選挙を解説したのは一九九二年（「ワールド・ステーション22」一二月二六日）、『朝日新聞』の学芸欄で最初に論稿を発表したのは一九九三年（「在日二世・三世のアイデンティティ」一一月二六日）、『世界』に寄稿したのは一九九六年（「東アジア共生の方法論」九月号）のことです。

とはいえ、大学の先生なら、在籍中に一度や二度は自分の専門分野で新聞やテレビでコメントを求められることもあります。継続的にマスコミから意見を求められるようになるた

●論壇誌の執筆者（2002〜06年）

『世界』

順位	名前（大学）	点
1	金子勝（慶応義塾大）	88
2	佐藤学（東京大）	64
3	野田正彰（京都女子大）	60
4	神野直彦（東京大）	52
5	アンドリュー・デヴィット（立教大）	48
	寺島実郎（早稲田大）	48
7	石田英敬（東京大）	46
8	小池政行（日本赤十字看護大）	40
9	藤原帰一（東京大）	38
10	山口二郎（北海道大）	36
11	宮田律（静岡県立大）	32
	小原隆治（成蹊大）	32
	上村達男（早稲田大）	32
	前田朗（東京造形大）	32
	竹田いさみ（獨協大）	32
	門奈直樹（立教大）	32

『正論』

順位	名前（大学）	点
1	藤岡信勝（拓殖大）	120
2	中西輝政（京都大）	104
3	八木秀次（高崎経済大）	96
4	中村粲（獨協大）	92
5	西岡力（東京基督教大）	80
6	新田均（皇學館大）	78
7	中川八洋（筑波大）	72
8	荒木和博（拓殖大）	64
9	西部邁（秀明大）	58
10	林道義（東京女子大）	56
11	高橋史朗（明星大）	48
	潮匡人（聖学院大）	48
	長谷川三千子（埼玉大）	48

『論座』

順位	名前（大学）	点
1	朴一（大阪市立大）	86
2	朱建栄（東洋学園大）	80
3	刈谷剛彦（東京大）	54
4	高崎宗司（津田塾大）	48
	山口二郎（北海道大）	48
6	橘木俊詔（京都大）	46
7	原武史（明治学院大）	40
	山内昌之（東京大）	40
	櫻田淳（東洋学園大）	40

『諸君！』

順位	名前（大学）	点
1	中西輝政（京都大）	148
2	福田和也（慶応義塾大）	96
3	八木秀次（高崎経済大）	64
4	浅川晃広（名古屋大）	56
	鄭大均（首都大学東京）	56
6	荒木和博（拓殖大）	44
7	仲正昌樹（金沢大）	40
	百地章（日本大）	40
9	宮塚利雄（山梨学院大）	32
	草野厚（慶応義塾大）	32
	村田晃嗣（同志社大）	32
	島田洋一（福井県立大）	32
	北村稔（立命館大）	32

注　:『世界』『論座』『正論』『諸君！』の論文（400字×20枚以上）の執筆者に8点、連載は2回目から回数ごとに2点加算した。共同論文は案分。教員は常勤の講師以上が対象。肩書は、2007年12月末までで最後にメディアに登場したときのもの。大学名は、執筆当時に所属していた名称で集計した

出所：小林哲夫『ニッポンの大学』講談社学術新書、2007年、169頁

めには、記者やディレクターと信頼関係を構築し、彼らが望むコメントをしなければならないことも、だんだんわかってきました。

こうしたメディアとの関係構築により、私が新聞や雑誌を通じて精力的に研究成果やオピニオンを発信したのは、二〇〇〇年から二〇〇九年の約一〇年間でしたが、この時期は在日信用組合の破綻、南北共同宣言と南北対話の進展、民団と総連の和解、北朝鮮による拉致事件、北朝鮮の核問題と六者協議と、朝鮮半島情勢が大きく揺れ動いた時代でした。こうしたときに、在日のオピニオン・リーダーの一人として新聞や雑誌で活躍できたのはうれしかった半面、テレビのキー局からはなかなか声がかかりませんでした。

サンジャポからの突然の出演依頼

やはりこのルックスでテレビは無理かと考えていたとき、TBSの人気番組「サンデージャポン（サンジャポ）」から突然、出演依頼がありました。二〇〇五年四月のことです。それまでにもときおりテレビやラジオから出演の依頼がありましたが、その多くは関西のローカル放送で、東京のキー局、しかも視聴率の高い人気番組からのオファーは初めてでした。

MCの爆笑問題がゲストコメンテーターとともに、政治、外交、社会、芸能などありとあらゆる問題について、おもしろおかしく出演者と議論するバラエティー番組で、その直前に放送されている硬派の論客をそろえた「関口宏のサンデーモーニング」とは対照的な番組です。

日曜日の午前中に放送されているので、前日からＴＢＳに近い赤坂のホテルに宿泊し、ホテルのレストランでディレクターと打ち合わせをすることになりました。番組担当のディレクターに、東京では放送されていなかった「たかじんのそこまで言って委員会」（読売テレビ）に私がゲスト出演した回をユーチューブで視たと言われ、日韓関係や在日問題について在日コリアンの立場からズバズバ発言する私を見て、サンジャポにも出てほしいと言われました。「サンジャポにはサンデーモーニングに出演されている姜尚中さんとは違うタイプの在日コリアンに出てほしいんですよ」というディレクターの言葉が私のハートをつかみました。私は、一回だけという気持ちで番組に出演することを決めました。

「そこまで言って委員会」で領土問題について激論

ディレクターが視た「たかじんのそこまで言って委員会」は、関西で人気のあった歌手でタレントのやしきたかじんをメインキャスターにしたバラエティー討論番組で、たかじん亡き後も、「そこまで言って委員会ＮＰ」として放送されています。私が同番組に最初にゲストとして呼ばれたのは二〇〇四年六月で、テーマは当時日韓で懸案になっていた「竹島（独島）の領有権問題」でした。私は事前の打ち合わせどおり、なぜ韓国が竹島（独

外国特派員クラブで「竹島問題」について報告（2005年）

島）の領有権を主張し、実効支配を続けるのか、淡々と説明した覚えがあります。

竹島が島根県の隠岐島司の所管となった旨が告示されたのは一九〇五年二月。それまでは、少なくとも竹島が正式な日本領でなかった可能性があるとしたうえで、韓国は一九〇〇年に発表した「大韓帝国勅令第四一号」で、すでに竹島（独島、当時は石島）を鬱陵郡の管轄下に置いていたという韓国外交部の見解を述べました。それから五年後に締結された日韓保護条約下における竹島（独島）の島根県編入を、韓国は日韓併合の始まりとみなしているという韓国政府の見解を私は説明したつもりでした（私自身の見解は述べませんでした）。

しかし、番組に出演していた政治評論家の三宅久之さん（故人）やコラムニストの勝谷誠彦さん（故人）が、そんな勝手な韓国の解釈は許されないと、声を荒げて私に噛みついてきました。番組は盛り上がりましたが、韓国人のゲストが私一人だったのに対し、日本人ゲストが七人。日本人ゲストの一人として出演していた俳優の山本太郎さん（現、れいわ新選組党首）だけが「竹島は韓国にあげたらよい」と発言していましたが、それはそれで議論を迷走させ、さらに竹島は「古来、日本固有の領土であり、韓国が不法に占拠している」と考える日本側ゲストをヒートアップさせることになってしまいました。私は冷静に議論を続けたかったのですが、一対六のバトルロイヤルに、疲れ果ててしまいました。

このとき、私がゲストとして呼ばれた理由がよくわかりませんでしたが、後日、スタッフから聞いた話では、番組が出演を依頼した韓国人ゲストに次々に断られ、私しか出演を引き受ける人がいなかったそうです。私としては、日本が隣国の韓国と良好な外交関係を続けていくためには、韓国政府や韓国人が何を考え、どう日本に向き合おうとしているのか、日本人も理解する必要があると思っています。相手の考えも知らなければ、ちゃんとつきあえない。「そこまで言って委員会」に出演したのは、そんな単純な理由からでした。

しかし、視聴者はそんなふうに解釈する人々だけではありません。なかには韓国政府の立場を説明する私に対し、「韓国の立場を正当化する反日教授を即刻辞めさせせろ」といった抗議電話をわざわざ大学広報課にかけてきたり、抗議メールを送りつけてくる人もいました。

在日コリアン犯罪者、「本名報道」の是非

こうした経験から「サンデージャポン」では、同じ轍を踏まないようにと肝に銘じまし

たが、日韓の狭間で生きる在日コリアンという微妙な立場で発言するというのは簡単ではありません。私が出演するにことになったサンジャポのテーマの一つは、京都でキリスト教会を運営する在日韓国人牧師が信者の女性一〇数名を騙しレイプしたという事件で、爆笑問題の田中くんから意見を求められた私は、「牧師が信者をレイプするというのはあってならない凶悪犯罪です。しかし、容疑者である牧師は教会でも日常生活でも日本名（通名）を名乗っているのに、新聞や雑誌など多くのマスコミが容疑者を日頃使っていない韓国名で報じているのはいかがなものでしょうか。犯罪と出自に因果関係がない場合、容疑者の名前と人物を一致させるためにも、普段使っている日本名（通名）で報道するほうがよいのではないでしょうか」とコメントしました。

在日韓国人の多くは日本名（通名）を名乗っていますが、犯罪に手をそめると、日本のマスコミはその人物の韓国名（本名）と国籍を暴くことが多いのですが、『朝日新聞』は「犯罪と出自、国籍に因果関係が見られない場合、在日韓国人の民族名（本名）を暴くことはプライバシーを侵害する可能性がある」という報道指針から、この事件のときも、容疑者の名前を日本名で報じていました。私のコメントは、こうした『朝日新聞』の報道指針(2)にそったものでした。

しかし、番組放送後に私のパソコンをチェックすると、「サンジャポに出演した大阪市大の朴一という韓国人教授は、在日韓国人の犯行を日本人の犯行にすりかえようとしている」と批判するメールが殺到していました。さらに翌日大学に行くと、事務から広報課にも苦情が殺到し、学部長から「今後発言には気をつけてください」と言われるありさまでした。

「TVタックル」で「首相の靖国参拝」論争

とはいえ、サンジャポに五週連続出演したことで、良くも悪しくもテレビ関係者の目にとまったのか、その後、いろいろな番組に呼ばれるようになりました。

テレビで自分のようなマイノリティの立場に立つ人々の思い、意見を大勢の人々に知ってもらえることを考えると嬉しい反面、日韓関係や在日韓国・朝鮮人問題をテーマにした番組に出るたびに、ネトウヨ（ネット右翼）からの攻撃メールがすさまじく、だんだん夜も寝られなくなりました。しかし、テレビの本当の怖さを知ったのは、「ビートたけしのTVタックル」（テレビ朝日）に出演したときでした。

当時「TVタックル」では、定期的に「タックル国際会議」というタイトルで、日本人のレギュラー出演者に加え外国人ゲストを集めて、領土問題や歴史問題などの日韓、日中の懸案問題をディベートさせる企画がありました。私が最初に呼ばれたときは、「小泉首相の靖国参拝」問題がメインテーマで、「そこまで言って委員会」で共演した政治評論家の三宅久之さんやコラムニストの勝谷誠彦さんに加え、浜田幸一さん（故人、元衆議院議員）など錚々《そうそう》たるタカ派の論客たちと「首相の靖国参拝の是非」を議論するというものでした。

しかし、番組が始まると、双方とも自分たちの主張を大声で叫ぶばかりで、ディベートと呼べるものではありませんでした。三宅さんと浜田さんは日本の国と家族を守るために命をかけた英霊たちが祀られた靖国神社に首相が参拝するのは当たり前という保守派のお決まりの主張を繰り返す一方、外国人のゲストたちは「A級戦犯が祀られた靖国神社に首相が参拝するなんて言語道断」と批判。私は太平洋戦争を引き起こし、アジアの多くの民衆を自分たちの戦争に巻き込み、結果的に数多の犠牲者を出す原因をつくったA級戦犯が祀られた靖国神社を日本の首相が参拝することは、太平洋戦争を正当化することにつながるので、やはり首相の靖国参拝は自粛すべきではないかと述べましたが、この発言がネトウヨの逆鱗に触れたのかもしれません。

翌日大学に行くと、事務から私宛に小包が届いていると言われました。ファンからのプレゼントかと思って小包を開けてみると、手足が切断された猫の死骸が入っていて、「テレビで今後、靖国を冒瀆した発言を繰り返すと、おまえもこうなると思え」という脅迫状がそえられていました。正直、この日からテレビに出るのが怖くなりました。テレビで不特定多数の人々を相手にしゃべるということは、こうした危険にさらされているということを改めて認識させられた瞬間でした。

なぜテレビに出るのか

とはいえ、私はテレビやラジオで発言することをやめませんでした。格好をつけて言わせてもらうなら、誰かがマイノリティの立場をマスコミで代弁する必要があると考えたからです。

友人の故・勝谷誠彦さんとはしゃぐ。テレビでは激しい討論を繰り返していたけれど、本当は仲がよかった

日本には約四四万の在日コリアンがいますが、日本の中では圧倒的にマイノリティです。日韓、日朝の狭間で生きる在日コリアンは、日本と母国との微妙な関係の中で生活している民族集団です。日韓関係が良好なときはよいですが、歴史問題や領土問題で日韓が対立すると、日本人の韓国に対する不満がストレートに在日コリアンにぶつけられるときもあります。日韓関係が悪化した理由は韓国側にあるとする偏った情報にあふれた日本のマスコミの中にあって、韓国側から見た情報（あるいは北朝鮮から見た情報）をメディアで伝えることは、報道のバランスをとるという意味で、在日

コリアン知識人が果たすべき重要な役割ではないかと考えます。

しかし、テレビやラジオで使ってもらうのは本当に難しいと思います。過激な発言をすると視聴者からたたかれ、逆にバッシングを恐れて歯切れの悪いコメントを続けると、使ってもらえなくなります。この微妙なバランス感覚を身につけないと、テレビやラジオに出続けることはできません。

試行錯誤の中で、私はこれまでのように、攻撃的に発言するスタンスを変えようと思いました。けっして相手の挑発に乗らず、ユーモアを交え、ウイットに富んだコメント・スタイルに変えてみたのです。試行錯誤を繰り返しながら、韓国人でもない、日本人でもない、日本に住む外国人としてもう少しグローバルな視点からコメントする術を学んだのです。すると、徐々に視聴者からの抗議もなくなり、韓国や北朝鮮問題だけでなく、普通の報道番組のコメンテーターにも起用されるようになっていきました。

二〇一三年を境にテレビ出演が増加し、それまで年間一〇数回だったテレビ、ラジオの出演回数も年間一〇〇～一五〇回に達するようになり、タレントなみに日に二、三本収録という日も出てきました。とはいえ、大学の仕事とマスコミの仕事を両立することは簡単ではありません。テレビ、ラジオ出演に加え、講義の準備や委員会への出席等の大学の仕事、さまざまな審議会への出席やＮＧＯ活動への参加、講演会の準備、本の執筆という激務とストレスが重なり、私の身体は悲鳴をあげるようになっていきました。

脳出血で倒れる

二〇一五年一二月、「新報道２００１」（フジテレビ）という番組で慰安婦問題への日韓の対応をめぐって、日本の大臣経験者と嚙み合わない議論をしたのち、新幹線で大阪に戻る途中、身体に異変が起こりました。新幹線内の座席で仮眠をとっていると、一瞬身体中に高圧電流が走ったような不快な気分になったのです。医学部の教授に電話し、病状を告げると、脳出血か脳梗塞の可能性があるので、すぐに大きな病院に行って検査を受けてくださいと言われました。

新大阪駅からタクシーに飛び乗り、教授から推薦された病院に直行しました。日曜日だったので、受け入れ拒否されてもしかたないと思っていましたが、病院の中に私を知っていた医師がいたことも幸いし、すぐに検査入院することになりました。検査の結果は軽度の脳出血でした。担当医から、しばらく入院して静養が必要と言われ、入院することになりました。これまでひたすら仕事中心の生活で、入院中はたくさんの教え子が見舞いに来てくれましたが、退屈な日々でした。医師は脳出血の再発を恐れ、長期入院するように勧めましたが、病状も安定したので、一週間で退院することになりました。

医師から少し仕事量をセーブして、ゆっくり仕事をしていくように諭されましたが、皮肉なことに脳出血になってから、仕事の量は増えていきました。気がつくと、「かんさい情報ネットten」「そこまで言って委員会NP」(読売テレビ)、「ゴゴスマ」(CBCテレビ)、「教えて!ニュースライブ 正義のミカタ」(朝日放送)、「胸いっぱいサミット!」(関西テレビ)、「報道するラジオ」(毎日放送)、「関西ラジオワイド」(NHK大阪)など七本のテレビ・ラジオ番組のレギュラー、準レギュラー・コメンテーターに起用され、週に四、五回テレビやラジオに出演するようになっていました。明らかにオーバーワークであったと思います。

慰安婦問題と徴用工問題

脳出血で入院したとき、担当医師から「ストレスは禁物ですよ」と言われましたが、出演していた多くのテレビ番組では二〇一五年以降、むしろ日韓対立を煽るようなテーマが多くなり、テレビ出演のストレスは高まる一方でした。

二〇一五年一二月、日韓両政府は「慰安婦合意」を結び、日韓の懸案であった慰安婦問題の解決に向けて動き始めました。その内容は、日本政府が一〇億円の公的資金を提供し、その資金で韓国政府が「和解・癒やし財団」を設立、元慰安婦に一人一〇〇〇万ウォンの償い金を支払うというものでした。しかし、その後も韓国の市民団体によって慰安婦像が設置され、二〇一七年に発足した文在寅政権が、①慰安婦問題については、日韓で再協議はしないとしたものの、②二〇一五年合意は被害者の意思を十分に反映するものではなかったとし、「和解・癒やし財団」を解散したため、日韓で慰安婦問題が再燃することになってしまいました。

当時、私が出演していたテレビ討論番組「TVタックル」「正義のミカタ」「胸いっぱいサミット！」「そこまで言って委員会NP」でも、たびたび慰安婦問題をテーマに議論が行われました。出演者である日本人パネリストの多くは、二〇一五年合意を一方的に破棄し、ゴールポストを動かした韓国政府の不誠実な対応に問題があると、韓国批判を繰り返していました。元参議院議員の田嶋陽子さんだけがフェミニズムの立場から慰安婦問題に対する日本政府の対応は不十分という主張をしていたと思います。私は二〇一五年の慰安婦合意に水面下で取り組んできた一人として、番組に出るたびに胃が痛くなりました。

ただ、私がこうしたテレビ番組に出演し、韓国人慰安婦や韓国政府の対応を批判している人たちに違和感を覚えたのは、彼らのうちの誰一人として被害者の慰安婦から実際に話を聞いたという人がいなかったことです。被害にあった当事者から話も聞かず、一部のマスコミ報道を信じて、慰安婦問題を語ることはできないと思います。私は一九九二年に元慰安婦だったハルモニたちの生活支援を行う「ナヌムの家」が設置されてから、何度も学生たちと現地を訪問し、彼女たちから直接話をうかがったことがあります。もちろんかなり前に起こった出来事なので彼女たちの記憶には正確さに欠ける部分もありますが、何度も話を聞いているうちに、彼女たちがどのようにして慰安婦になったのか、慰安所の生活がどのようなものだったのか、解放後にどんなつらい生活を送ってきたのかなどなど、メディアが報じない慰安婦問題の真相が見えてきたと思います。

こんな話を「正義のミカタ」の担当者にしていたら、ぜひ番組で「ナヌムの家」のロケをしましょうということになって、二〇一九年一二月、タレントのほんこんさんと一緒に「ナヌムの家」を訪れたこともあります。慰安婦問題に対する韓国政府の対応を批判してきたほんこんさんとしては立場的に行きにくかったと思いますが、よく現地までついてきてくれたと思います。当日は、「ナヌムの家」にいらっしゃったハルモニの体調が悪く、一人しかインタビューに応じてくれませんでしたが、テレビを通じて実際の慰安婦体験者の生の声を聞いてもらえたという点で、手応えはあったと思います。

「ナヌムの家」で元慰安婦の姜日出（カン・イルチュル）さんと再会（2011年8月）

日韓関係を迷走させたもう一つの問題は、日本統治下で日本の炭鉱や軍需工場に労務動員された徴用工の問題です。すでに述べたように、日本統治時代に労働力不足に陥った日本は植民地だった朝鮮半島から八〇万人以上の人々を広島・長崎の軍需工場や北海道や九州の炭鉱に労務動員し、過酷な現場で働かせたうえ、賃金未払いのまま放置してきた経緯があります。それから七〇年以上も経過した二〇一八年一〇月、韓国人の元徴用工の四人がかつて働いていた新日鉄住金（現、日本製鉄）を相手に損害賠償を求めていた裁判で、韓国の大法院（最高裁）は同日本企業に対し、一人一億ウォン（約一〇〇〇万円）の支払いを命じる衝撃的な判決を下しました。

一九九一年以降、彼らは日本でも同種の裁判を起こしてきましたが、未払い賃金は時効とみなされ、敗訴が続きました。それでも、彼らはあきらめずに、韓国で法廷闘争を続けてきました。この結果、韓国の大法院は、判決で戦時中の朝鮮人に対する無報酬の労務動員は植民地支配と結びついた「反人道的な不法行為」と指摘し、一九六五年の日韓請求権協定で解決済みとされた事項に、不法行為による個人の精神的苦痛に対する慰謝料の請求権は含まれないという新たな司法判断を下したのです。

大法院判決は、日韓請求権協定を日本と韓国の間の財政的・民事的な債権・債務関係を政治的合意によって解決するためのものであると理解したうえで、改めて日本の植民地支配を「不法」ととらえ、原告の元徴用工が植民地支配下の日本企業で強制労働させられたことを「反人道的な不法行為」にあたると認定しました。この際、原告の元徴用工が受けた精神的苦痛に対する慰謝料は日韓請求権協定の対象外で、被告側の日本企業に賠償を請求できるという解釈です。

この判決を聞いた安倍首相（当時）は、徴用工は日韓請求権協定で解決済みの問題で、元徴用工の個人賠償請求権は「国際法に照らしてありえない判断で、（日本政府は）毅然として対応していく」[3]と述べ、日韓関係はその後、ますます迷走していくことになりました。

二〇一九年七月三日、安倍首相は日本記者クラブ主催の党首討論会で、徴用工訴訟に触れ、「一九六五年の請求権協定でお互いの請求権を放棄した。約束を守らない中では、今までの優遇措置はとれない」[4]と語り、翌日の七月四日、韓国に輸出してきた半導体材料の三品目（フッ化水素、フッ化ポリイミド、レジスト）を包括許可の対象から外し、輸出ごとの許可に変更すると韓国政府に通告したのです。日本政府はその後、韓国への半導体三品目の輸出規制の強化を「安全保障上の懸念が生じたため」と説明しましたが、韓国政府はこうした日本の対応は徴用工判決に対する報復で、自由貿易に反するとして激しく反発しました。

さらに二〇一九年八月、日本政府が輸出手続きを簡略化できる「ホワイト国（輸出優遇国）」から韓国を除外すると発表すると、韓国は日本の輸出規制措置に対抗する形で輸出管理の優遇対象から日本を除外すると同時に、日本産食品について輸入のたびに放射性物質の精密検査を実施すると発表し、日韓の歴史戦は泥沼の経済摩擦にまで発展していきました。

そもそも徴用工問題に対する認識の相違はなぜ生まれたのでしょうか。「そこまで言って委員会NP」や「正義のミカタ」でも何度も申し上げましたが、一九六五年に日韓両政府が合意したのは、一九一〇年の韓国併合条約が「もはや無効」というものですが、韓国側からすれば「もはや無効」とは「植民地支配は一九一〇年から遡って無効」であり、「不法論」を前提にしない日韓請求権協定で支払われた金銭は経済協力にすぎず、「植民地支配の慰謝料請求権は、その不法性を前提にしない請求権協定の枠外にある」というのが韓国大法院の解釈なのです。それに対し、日本政府は「一九六五年の日韓請求権協定によって『完全かつ最終的に解決』したはずの問題を『蒸し返す』のは『国際法違反』である[5]」というわけです。

韓国の大法院判決は、韓国併合条約の無効性の期限を曖昧にしてきた日韓の六五年体制の問題点を追及したものでしたが、韓国の大法院判決を批判する日本人コメンテーターの多くはこうした韓国側の問題提起を無視し、韓国政府は約束（日韓請求権協定）を守らないというお決まりの台詞を繰り返していただけだったように思います。

日韓の徴用工問題に落としどころはないのでしょうか。大法院判決で敗訴した日本製鉄と三菱重工業は現在も賠償金の支払いに応じていません。日本政府が、大法院判決は一九六五年の請求権協定に反しているとし、日本企業に支払いに応じないよう圧力をかけているからです。大法院で勝訴が確定した原告は元徴用工三一名、賠償総額は二七億ウォン

（約二億五〇〇〇万円）といわれています。三三一名の元徴用工の多くは日本企業が韓国内にもつ資産の差し押さえ、裁判所に賠償額相当を売却する現金化を進めたいようですが、そうなると日韓関係はさらに悪化していくため、韓国政府は「司法には介入できない」としつつも、日本資産の現金化には否定的な姿勢を示してきました。「そこまで言って委員会NP」「胸いっぱいサミット！」「正義のミカタ」など、出演させていただいたテレビの討論番組でも、何度もこの問題が取り上げられ、日本人パネラーの多くの主張は、「この問題は日韓請求権問題で解決済み」「解決のボールは韓国側にある」の一点張りですが、私はいずれの番組でも答えたように、重要なことはまず①日韓が歴史と経済、歴史と安全保障の問題を切り離して、安全保障や経済面で戦略的な互恵関係を維持すること、そしてそのうえで②日韓請求権協定で補償の対象から抜け落ちた徴用工被害者をどう救済していくのかという人道問題に両国が対処することだと思っています[6]。

テレビの代償

テレビに連日出演するようになると、見知らぬ人から声をかけられることも多くなりました。電車の中で、突然、見知らぬ人から「サインをお願いします」とか、「写真をとらせてください」と言われることも当たり前になり、いつも誰かに視られているという意識が強くなっていきました。服装や言葉遣い、人への対応にも細心の注意を払うようになり、自分が自分でなくなるようで、だんだん息苦しくなっていきました。

　当然、今までどおり大学の講義はしなければならず、テレビ出演の合間に講演をこなし、新著の執筆にも追われ、ゆっくり休む時間がなくなっていきました。メディアで発言する機会は確実に増えましたが、身体は明らかに悲鳴をあげていたと思います。

　二〇一九年一月二六日、ついに自宅で倒れ、救急車で兵庫医大に搬送されました。診断は脳梗塞、早期発見だったので、ｔＰＡという薬剤を点滴し、血栓を溶かす緊急治療がとられましたが、過去に脳出血も経験していたので、脳出血の再発の危険性をともなう選択でした。

　手術は成功しましたが、血管が詰まったのが右の脳だったので、左半身に障害が残りました。左手の指と左足が今までのように自由に動かせなくなったのです。また左目がうまく開けられなくなり、顔面麻痺で笑顔をつくることもできなくなりました。さらに致命的だったのは、今までのようにスムーズにしゃべれなくなったことです。何よりも頭に浮かんだ言葉を口に出すまで、時間がかかるようになりました。

　担当医はユーモアのある人で、「先生は右の脳だけやられたから、いわば、阪神高速（半身梗塞）。リハビリはスピードを出しすぎないようにしてください」と言って私を笑わせ、「リハビリに励んで頑張れば、元のようにしゃべれることもできるかもしれないし、パソコンも打てるようになるかもしれないから、諦めずにリハビリに取り組んでください」と励ましてくれました。

脳梗塞の手術をしてから二週後に退院し、自宅近くの病院で地獄のリハビリを続け、退院から一週間後の二月一四日、大学とテレビの仕事に復帰しました。まだ十分にしゃべれる状態ではありませんでしたが、テレビのコメンテーターの仕事がそのままリハビリにつながると思い、オファーがある限り、番組にも出続けました。当初、結果はさんざんでした。脳梗塞後初めてのテレビ復帰戦では、ある事件についてMCの女性アナウンサーからコメントを求められたものの、すぐに答えることができず、二、三秒沈黙が続いてからようやく絞り出すように声を出し、かろうじてコメントした記憶があります。脳梗塞の後遺症か、大きな声も出せず、息が続かない。この繰り返しでしたが、生放送という失敗の許されない緊張感をともなうリハビリは、残った左脳を徐々に活性化させていきました。

番組スタッフに迷惑をかけたかもしれませんが、そもそも、口達者な健常者だけがコメンテーターである必要はありません。うまくしゃべれなくても、自分の立場でぶれない意見を伝えることが、大切ではないかと思うようになりました。

人は老いていくとともに、少しずつ目が見えにくくなったり、耳も聴こえにくくなったり、二本足で歩けなくなったりしていきます。誰もが健常者から障碍者に移行していくのです。私も脳出血から脳梗塞と二度の「老いるショック」を経て、障碍者の気持ちが少しわかるようになりました。日本籍の住民だけでなく外国籍の住民にも、健常者の住民だけでなく障碍者の住民にも、男性だけでなく女性や性的マイノリティにも優しい社会に日本がなってほしいというのが、現在の私の偽りのない気持ちです。

注

(1)ちなみに保守派メディアの三大ブランドは、『読売新聞』、月刊誌『文藝春秋』、フジテレビだったような気がする。もちろん、NHKテレビはリベラル派だけでなく、保守派にとっても重要なメディアであった気もするが、日本の戦後処理に関するNHKの報道は一貫して日本政府に批判的であり、保守派から攻撃対象になったことも少なくなかった。

(2)『朝日新聞』は、在日韓国・朝鮮人名の表記にあたり、「原則、通名とする」とし、「捜査当局が本名と通名を発表した場合、本人の意思を尊重するが、指名手配や逮捕直後なので意思を確認できないことに加え、通名で生活してきた蓋然性が強く、本名をあえて明記する必要がないと判断される場合には、通名を使用する」(『事件の取材と報道』朝日新聞社、二〇〇五年)としている。

(3)二〇一八年一〇月三〇日、参議院本会議。

(4)『朝日新聞』二〇一九年七月二五日。

(5)木宮正史『日韓関係史』岩波新書、二〇二一年、一九一頁。

(6)二〇二三年三月、元徴用工をめぐる訴訟について、日本企業が韓国の大法院に命じられた賠償分を韓国の財団が肩代わりするという解決策を韓国政府が示し、日本政府がこの解決策を受け入れ、韓国に対する輸出規制を解除したことで、日韓の徴用工問題は「政治決着」することになった。しかし、日本企業にある意味で免罪符を与えた韓国政府の解決策に対し、日韓双方に不満の声もあり、こうした「政治決着」を不安視する者も少なくない。

エピローグ

本書の冒頭でも述べましたが、日本の少子化が進んでいます。このまま日本の人口が減少していけば、二一一〇年に四二八六万人まで減少するという人口問題研究所の衝撃的な報告もあります(1)。実際、日本の子どもの数は一九八二年以来三五年連続で減り続けています。こうした少子化の進展は当然、労働力（生産年齢人口）の増減にも大きな影響を与えることになります。厚生労働省の報告では、日本の労働力は一九九八年の六七九三万人をピークに減少をたどり、二〇三〇年には五六七八万人まで減少すると予測されています(2)。

このような労働力の減少をカバーしてきたのが、アジアや南米からやってきた外国人労働者です。現在、南米からやってきた二〇万人を超える日系人労働者が製造業の下請け工場で働いており、コンビニのレジやホテルの清掃もアジアからの外国人労働者に支えられています。また日本人労働者が離れていった農業、漁業など第一次産業の分野でも、アジアからの外国人労働者が大きな戦力になっています。さらに、人材不足が指摘されてきた看護・介護の分野でも、ＥＰＡ（経済連携協定）や「特定技能制度」を通じて、インドネシア、フィリピン、ベトナムからやってきた看護師や介護福祉士候補生が多くの病院や介護施設で働いています。このように現在の日本経済にとって外国人労働者はなくてはならない存在になりつつあります。

しかし、今後、少子高齢化が進む国々の間で外国人労働者の争奪戦が始まる中で、日本は外国人労働者にとって魅力的な市場かといわれれば、それほど魅力的な国ではなくなりつつあります。まず、競合国と比べて日本の賃金が上がっていないことが気になります。一九九〇年代半ばまで、日本の賃金は世界トップクラスでしたが、その後賃金はほとんど上昇していません。むしろ、物価上昇分を引いた実質賃金は一九九七年を一〇〇とすると、二〇一六年以降は九〇以下に低下しています。世界各国で賃金がどんどん上がっているのに、日本の賃金水準は先進国に及ばず、今や韓国よりも低くなっています。中国から日本にたくさんの留学生が来ていますが、昔は賃金の高い日本企業に就職することが彼らの目的でしたが、最近は中国でも大卒に月収一万元（日本円で約二〇万円）を提示する企業も多くなり、日本企業とあまり賃金は変わらなくなっています。そうした意味で、低賃金のアジアから高賃金の日本へという受け入れの方程式は今や崩れつつあります。今後、韓国や中国の賃金がさらに上昇することも予想され、外国人労働者獲得競争は日本に不利になっていくでしょう。

次に外国人労働者受け入れの枠組み、制度の問題もあります。本書で示したような外国人への日本名の強制や入居差別は言語道断ですが、日本企業が給与のみならず、昇進や宗教・食事面など人種・民族に配慮した労働環境の面で十分な待遇を提示しないと、日本で働くメリットを感じないかもしれません。また日本で英語を使える患者も増加しているわけですから、アジアからの看護師・介護福祉士候補生に日本語オンリーの試験を義務づけるのもどうかと思います。日本の外国人学校に対する支援が他国に比べ遅れていることも気になります。日本の学校に外国人の子どもを受け入れるなら、日本語指導に加え、将来の帰国に備えた母国語教育にも力を入れていく必要があります。そして外国人労働者の大規模な受け入れにあたり最も心配なのは、医療問題です。現在日本の大きな病院、クリニックの大部分の診療は日本語でしか行われていません。外国人が病気になったときも、十分に対応できる医療通訳の増員・配置が大きな課題になると思います。

コロナ禍で人やモノの国際移動が困難になると同時に、ロシア・ウクライナ戦争や米中対立の余波で、経済安保の視点から海外での生産を中断し、自国生産に切り替える国が増加しています。マスクの調達を中国に大きく依存していた日本も、コロナ禍で中国でのマスク価格の高騰を受け、自国生産に乗り出しました。今後は、チャイナリスクを回避するため、マスクだけでなく、中国で生産していたものを、国内生産に切り替える日本企業も増加していくでしょう。しかし、皮肉なことに、少子高齢化が進む国ほど、自国生産が増加すれば、逆に国内の労働力が不足し、外国人労働者を受け入れる必要性が高まるという人材のパラドックスを抱えています。

戦前期、日本は朝鮮半島から多くの労働者を受け入れ、経済成長した時代がありましたが、朝鮮人労働者の受け入れと敗戦後の移民二世・三世への対応については、日韓・日朝間でさまざまな葛藤がありました。今後、日本が苦渋の選択として、外国人労働者や移民を受け入れるなら、在日コリアンの苦い経験を踏まえ、彼らが安心してこの国で暮らせる生活・社会環境を整えていくことが必要であると思います。本書がその参考資料になれば幸いです。

注

(1) 吉川洋『人口と日本経済——長寿、イノベーション、経済成長』中公新書、二〇一六年、五一頁。

(2) 平川均・石川幸一他編著『新・アジア経済論——中国とアジア・コンセンサスの模索』文眞堂、二〇一六年、七二頁。

あとがき

昨年三月、私は定年を迎え、三二年間勤務した大阪市立大学を卒業することになった。東京の大学での三年間の研究生活と京都の大学院での八年間の研究生活を含めると約四三年間、韓国・北朝鮮を対象にしたエリア・スタディに取り組んできたが、ある時期から戦後の日韓関係の副産物ともいえる在日コリアンの問題に研究の重点を置くことになった。

私が在日コリアン研究に本格的に取り組むようになったのは、本書で述べたように大阪市立大学に移籍し、在日コリアンの人権問題を扱う「民族問題論」（のちに「エスニック・スタディ」に改名）という講義を任されるようになってからである。

一九八九年夏、大学院時代の恩師であった大阪市立大学の本多健吉教授から「大阪市立大学に来て、『在日朝鮮人問題』を教えてみないか？　やっぱり在日問題は日本人が教えるより、在日の当事者が教えたほうがええと思うけど、どないや」と言われ、戸惑ったことを今でも覚えている。

学部と大学院で「アジア経済論」を教えながら、教養部（現在、総合教育科目）で「民族問題論」を教えるという、いわば二足の草鞋《わらじ》を履くことを余儀なくされる過酷な研究・教育条件を突き付けられ、ずいぶん悩んだが、「当事者研究」という魔法の言葉に私は負けてしまった。北海道の精神障碍者施設「べてるの家」で「当事者研究」に出会ってから、「当事者研究」の可能性を感じたこともあったが、何よりも、「在日コリアンの問題について当事者が研究しなくて誰がする」という気持ちが私を突き動かした。

考えてみれば、在日コリアンという出自や国籍の違いをめぐる葛藤は、私が在日韓国人としてこの国に生を受けた瞬間から生み出されたものだった。なかでも名前の問題（日本名を使うか、民族名を名乗るか）、国籍の問題（韓国・朝鮮籍のまま生きるか、日本籍を取得するか）、言語の問題（母語と母国語の乖離）などは、私のアイデンティティー形成に良かれ悪しかれ大きな影響を与えてきた。思い起こせば、外国人への「同化」圧力が強い日本で生きていくため、名前や国籍の問題で思い悩んだ頃から、私の「当事者研究」は始まっていたのかもしれない。

それからずっと在日コリアンの生き方について考えてきた。『〈在日〉という生き方』（講談社選書メチエ、一九九九年）、『「在日コリアン」ってなんでやねん？』（講談社＋α新書、二〇〇五年）、『僕たちのヒーローはみんな在日だった』（講談社、二〇一一年）、『越境する在日コリアン――日韓の狭間で生きる人々』（明石書店、二〇一四年）、『在日マネー戦争』（講談社＋α文庫、二〇一七年）は、そうした思索から生まれた研究成果である。一連の研究の中で、力道山、徐甲虎、辛格浩、愈奉植、新井将敬、松田優作など、在日の一世・二世が出自や国籍とどのように向き合い、それぞれの分野で、どのように生きてきたのかを考察してきたが、最後に私自身はどうだったのか、当事者のライフヒストリーを、大学職退職を機に残したいと思ったしだいである。

おもえば、この四〇年の間に、在日コリアンが置かれた環境もずいぶん変化した。政令指定都市を含む多くの地方自治体で公務員採用の国籍条項が撤廃され、地方公務員として働く在日コリアンも増加した。国公立大学に勤務する外国籍教員も増加している。特別永住者に対する指紋押捺制度も撤廃された。住民投票に外国籍住民の参加を認める自治体も見られるようになった。そして何よりも、さまざまなフィールドで民族名を名乗り活躍する在日コリアン三世・四世が増加している。

こうした流れを見ると、在日外国人あるいは彼らとの共生を願う良識的な日本人による市民運動の結果、日本社会が間違いなく「多文化共生」社会に向かっていることがわかる。もちろん「多文化共生」とは真逆の現象（外国籍住民への指紋押捺の復活、東京都における外国人看護師の昇進拒否、ヘイトスピーチやヘイトクライムなど）が顕在化していることも事実である。しかし、こうした「外国人排斥」運動も「多文化共生」社会に向かううえで生じる一時的な「陣痛」のようなものではないかと、私は思っている。

エピローグにも書いたが、少子高齢化が急速に進展する日本が生き残るための選択として、外国人労働者（外国籍住民）を受け入れるべきか、受け入れないかではなく、受け入れざるをえない状況に置かれているといえる。とはいえ、外国人労働者をとにかく受け入れればよいというものでもない。受け入れる以上は、彼らが日本に来てよかったと思えるような、受け入れをめぐるインフラ整備や対応が必要ではないだろうか。日本に暮らす外国籍住民が「在日という病」を患わない社会、日本が外国人にとっても希望のある社会になってほしいものである。本書が、日本の今後の外国人受け入れ政策を考えていくための一助になれば幸せである。

最後に、厳しい出版不況のなか、本書の出版を引き受けてくださった明石書店の大江道雅社長と煩わしい編集の労を引き受けていただいた小山光さんに感謝申し上げげたい。

二〇二三年八月一五日

著者プロフィール

朴　一（ぱく・いる）

1956年、兵庫県生まれの在日韓国人3世。

1980年、同志社大学卒業。

1988年、同大学院商学研究科博士後期課程修了（商学博士）。

1990年9月より2022年3月まで大阪市立大学経済学部に勤務。

大阪市立大学大学院経済学研究科教授を経て、現在、大阪市立大学名誉教授。テレビ・ラジオコメンテーター。

著書に『韓国NIES化の苦悩』（同文舘出版）、『〈在日〉という生き方』『「在日コリアン」ってなんでんねん？』『僕たちのヒーローはみんな在日だった』『日本人と韓国人　「タテマエ」と「ホンネ」』『在日マネー戦争』（以上、講談社）、『越境する在日コリアン』（明石書店）、『朝鮮半島を見る眼』（藤原書店）、『20世紀東アジアのポリティカルエコノミー』（晃洋書房）などがある。

在日という病
——生きづらさの当事者研究

2023年10月31日　初版第1刷発行

著　者　朴　　一

発行者　大江道雅

発行所　株式会社 明石書店
〒101-0021　東京都千代田区外神田 6-9-5
電　話　03（5818）1171
ＦＡＸ　03（5818）1174
振　替　00100-7-24505
https://www.akashi.co.jp

装　丁　清水　肇（prigraphics）

印刷・製本　モリモト印刷株式会社

（定価はカバーに表示してあります）
ISBN978-4-7503-5671-6

越境する在日コリアン

日韓の狭間で生きる人々

朴一［著］

◎四六判／並製／272頁　◎1,600円

日本と韓国の境界人として生きる在日コリアンの視点を通して、アイデンティティ、多文化共生、歴史認識問題など、日韓・日朝の間に横たわる課題を考察し、両国のあるべき関係の在り方を提言する。著者の 25 年にわたる思索の軌跡。

《内容構成》

〈価格は本体価格です〉